厦门市文化和旅游局
厦门市闽南文化研究会 编

延平郡王信俗

闽南非物质文化遗产丛书·第二辑

鄢新艳 著

海峡出版发行集团
THE STRAITS PUBLISHING & DISTRIBUTING GROUP

鹭江出版社
LUJIANG PUBLISHING HOUSE

2020年·厦门

"闽南非物质文化遗产丛书·第二辑"编委会

主　　任：张　权
副 主 任：叶细致
执行主任：黄天福　　陈　耕
委　　员：陈　娟　　郑敏慧
　　　　　苏华琦　　邱华琳
　　　　　吕卫东　　郑　锐
　　　　　蔡亚约　　叶亚莹

总　序

厦门的非物质文化遗产，伴随厦门的兴衰，历经沧桑，衍变至今，形成一个既相对完整，又富有创造精神的文化生态，承前启后，自成风貌。

自国家级文化生态保护实验区设立后，闽南文化出现了极其繁荣的局面。厦门各界大胆实践，守正创新，既制定发展规划，又出台建设办法，构建了较为完善的国家、省、市、区四级非遗传承体系，一批非物质文化遗产展示区、保护试点、传承中心等项目建设顺利推进。

2017 年，金砖五国国家领导人在厦门会晤，厦门非遗再一次受到国家的高度重视。会晤期间，文旅部门成功组织了非遗展演活动，习近平总书记还亲自向普京总统推荐、介绍厦门非遗，其中厦门漆线雕、惠和影雕大放异彩，为国家赢得了荣誉。

2019 年，厦门的国家级非遗项目送王船，首次成为中国和外国联合申报人类非遗名录的项目，成功列入2020 年联合国教科文组织的审核清单。在这一段时间里，中国和马来西亚各自从本土出发，带着兼收并蓄的开放心态，跨越古今中外，加强研究，凝聚共识，形成合力，统一文本，联合申报。如今，人们对送王船等非遗的研究，兴趣越来越浓，关注越来越多，认识也越来越深，可以说成绩斐然，硕果累累。这些研究，从远处说，是一种文明成就；从近处说，贴近人心，满足人们对美好生活的向往，弥足珍贵。

2013年，闽南非遗丛书第一辑的出版，引起全球闽南文化圈的关注，使热爱厦门的广大民众，对厦门的非物质文化遗产多了一分了解。这辑丛书，实际上是一个"药引子"，要配齐整服药，需要这座城市所有人一起努力，不断进取，继续把厦门的闽南非遗捡拾起来，补充完整，互联共享，让厦门非遗在新的起点上，实现新作为，激发新活力。

如今，闽南非遗丛书第二辑，在人们的热切盼望中出版在即，这是厦门非遗建设取得的又一丰硕成果。该丛书侧重选择具有较高社会价值、美学价值和科学研究价值的类别，以民俗文化为主，对有形的、无形的、静态的、动态的非物质文化遗产进行梳理和总结。一套八本，内容丰富，为厦门非遗的创造性转化和创新性发展，又搭建了一个新的信息展示平台，让人们对厦门相关非遗项目的历史脉络和文化特征有更深刻的认识和了解。

无疑，无论是那些在中山公园晓春楼喝茶聊天的老先生，还是在锦华阁听古乐南音的老阿婆，他们都生活在先人留下来的文化氛围中。这些轻松、温馨的场景，每每让人涌起潜藏的感情，沉浸其中，又怦然心动，且难以自拔。这些场景、这种感情，日渐成为厦门非遗的一道人文景观。厦门非遗是闽南文化研究的核心，寄望于世世相传，代代相承。也正缘于此，闽南非遗丛书第二辑的出版，弥补了厦门非遗研究某些方面的缺失，为这座文化底蕴深厚的城市增添了一抹迷人的色彩。

当前，厦门遗留下来的非遗文化形态多姿多彩，备受瞩目。人们对闽南文化综合性的整体研究刚刚起步，但势头良好，令人备感欣慰！厦门闽南文化研究会原会长陈耕先生，以多种方式鼓励学者同仁，合其人力物力，推动厦门非遗的研究，体现了共建学术共同体的责任，其心可嘉，值得铭记。

厦门市闽南文化研究会会长　叶细致

序

信仰习俗是全人类所共有的行为，从古至今，没有停止过。人们从中寻求精神寄托，获得心灵的安宁与人身的安全。

中国古代，是一种自耕自给的农业文明，极易受地理环境、人力财力等因素的影响，这使得中国人讲究现实利益，因而中国人的信仰习俗也以追求对现实生活的帮助为出发点。各个地域风土人情的不同，造就了信仰习俗的多元化。从古至今，中国人崇敬天地、祖先、人杰，这深刻反映出古人的信仰实质。古代对天地山川的祭祀，由帝王主持，祈求五谷丰登，国泰民安；对祖先及人杰的崇拜，是以先贤为榜样勉励自己。

延平郡王信俗是为了纪念郑成功及其将士，最早可追溯到南明永历十六年（1662），郑成功在台湾因病逝世，百姓为追悼郑成功而建立将军庙，并举办祭祀活动，后演变为由官方主导的祭祀活动。改革开放后，民间信俗活动复兴，官方与民间共同推动了延平郡王信俗的发展，连续举办了多届的郑成功文化节，影响范围在不断扩大。这为新时期民间信俗活动的发展提供了鲜活的事例。

本书作者鄢新艳在厦门市非物质文化遗产保护中心调研部工作多年，撰写本书时，查阅了大量历史资料，走访有关专家学者，从郑成功生平入手，详实地梳理了延平郡王信仰习俗的由来、形成与发展，向我们揭示了这一民间信俗在促进海峡两岸文化交流与发展的重要作用，为读者提供了通俗易懂的材料，为研究了解延平郡王信俗做了有益的工作和贡献！

当然，本书在延平郡王信俗在海外的影响这一方面还有待进一步丰富充实，相信作者会再接再厉，我们期待更为完整的延平郡王信俗的相关著作问世。

黄念旭

2018 年 12 月 5 日

目录

引 言

　　郑成功（1624—1662），福建泉州南安人，明末清初军事家、政治家，他驱逐荷兰殖民统治者，收复台湾，开发宝岛，被誉为"民族英雄"。

　　南明隆武元年（1645）八月，郑芝龙携子郑森，陛见隆武帝。交谈对话中，隆武帝十分赏识郑成功，赐予国姓。隆武二年（1646）八月，隆武帝避难被俘身亡；桂王朱由榔登基，改年号"永历"。南明永历帝封郑成功为"延平王"。

　　隆武政权灭亡后，郑成功感恩隆武帝的知遇之恩，以抗清为大任，先后在泉州、金门、厦门及台湾转战，驱逐荷兰殖民统治者，经略台湾，后因劳累过度逝世，他为中华文化传播台湾做出了历史性的贡献，台湾百姓崇敬他，将之誉为"开台圣王"。

　　后人感念郑成功的为人与贡献，在台湾各地建庙供奉祭祀郑成功，以"开台圣王""延平王""延平郡王""国姓爷"等多种称呼祭祀。郑氏政权归降后，民间多私下祭祀郑成功；鸦片战争后，中国饱受帝国主义列强侵略，经沈葆桢等人联名上奏，朝廷下旨立延平郡王祠奉祀郑成功，将祭祀提升为官方行为。日本殖民统治台湾时期，日本殖民统治者将郑成功说成是日本人，企图歪曲历史，借以消灭汉文化，所幸成效甚微。

　　闽台两地人民为了纪念郑成功，纷纷立祠、立庙供奉。厦门市思明区鸿山公园的延平郡王祠，每年农历五月初八举行郑成功颂典仪式及民间祭祀活动，举办郑成功文化论坛、海峡两岸"阵头"踩街活动，形成了一个独具特色的海峡两岸延平郡王信俗的交流平台。

鼓浪屿郑成功石像

　　延平郡王信俗其形成，有着与其他民间信俗不一样的演变过程。由最开始的民间祭拜，转为私下祭祀，后来终受到官方认可，历经沧桑演变，成为现今闽台民间极具影响力的民间信俗。

　　延平郡王信俗传承的群体基本上是敬仰郑成功的民众和郑氏后裔。奉祀郑成功的祠庙，在福建以厦门延平郡王祠和泉州南安延平郡王祠为典型代表，是香火旺盛、对台关系密切的两座庙宇，并借助海峡论坛等平台召开国际郑成功文化论坛（研讨会），影响较大；在台湾，则以台南延平郡王祠、台南郑氏家庙、彰化郑成功庙、台北士林郑成功庙等较为出名，这些祠庙在推进海峡两岸关系的发展中起到了不可估量的作用。

延平郡王信俗，2009年6月被厦门市政府公布为第二批市级非物质文化遗产代表作名录，2011年12月被福建省政府公布为第四批省级非物质文化遗产代表作名录。

本书拟以延平郡王信俗主祭对象郑成功入手，探索这一信俗的形成与发展历史，记录这一非物质文化遗产项目在当代传承过程中的创新，并探索中国优秀传统文化在新时代、新形势下创新性发展的路径与规律。

第一章　民族英雄郑成功

第一节　郑成功的青少年时期

郑成功（1624 年 8 月 27 日—1662 年 6 月 23 日），原名森，又名福松，字明俨、大木，福建泉州南安石井人。明天启四年（1624）七月十四日（8 月 27 日）出生于日本，七岁时，其父郑芝龙派人到日本把他接回福建泉州府晋江县安平镇（今福建晋江市安海镇）郑家府中生活。

儿诞石（曾雅各摄）

1

郑芝龙对长子郑成功寄予厚望，不惜重金聘请名师授教。郑成功也不负众望，勤奋好学，熟读四书五经，"至乐无如读书"。他经常到星塔①读书，在名师的指导下，习文练武，学识、武艺突飞猛进。在安平苦学八年，郑成功系统地接受了中华传统文化教育，深受忠孝节义等儒家思想的熏陶，这激发了他的爱国志向和民族气节，思想逐渐成熟。

崇祯十一年（1638），郑成功十五岁，考中南安县秀才。崇祯十七年（1644），二十一岁的郑成功考入南京国子监，拜时为南京礼部尚书的大儒钱谦益为师。

明崇祯十七年（1644）三月，李自成领导的大顺军队攻破北京城，崇祯帝朱由检自缢于煤山。四月，清廷大举兴师，意图入关，驻守山海关的明宁远总兵吴三桂投清，引清军入山海关。五月，清军攻占北京。

崇祯帝自缢后，明陪都南京陷入由明朝遗臣勋贵与督抚将帅之间展开的拥立纷争，直到五月初，才选定明神宗的孙子福王朱由崧作为监国，并于五

郑成功儒装像（泉州郑成功研究会提供）

---

① 星塔位于今晋江市安海镇龙山路，为一座五层四角的砖塔建筑。明崇祯十六年（1643），因星塔颓圮，郑成功的叔父郑芝鹏集资重建。

2

月十五日正式称帝，以次年为弘光元年。

南明弘光元年（1645）四月，多铎率清军南下，兵临扬州，督师史可法带领扬州军民浴血奋战，清军大炮攻陷城池，史可法被俘拒降遇难。清军攻克扬州，周边南明军队溃逃，残余兵将纷纷降清。随后，清军占领南京，弘光帝出逃中被俘，弘光政权灭亡。目睹山河破碎，时局动荡，入学不久的郑成功只得挥泪南渡，从南京辍学回乡。

南明弘光政权灭亡后，南明军队江防官兵溃不成军，一些不愿降清的南明宗室与文武官员南下，退入浙江、福建境内。唐王朱聿键在郑芝龙等人的扶持下，于弘光元年（1645）闰六月二十七日在福州称帝，改年号"隆武"，是年七月十八日鲁王朱以海也在浙江余姚、会稽、鄞县等地抗清义军及官吏缙绅的扶持下，在绍兴出任监国，改次年为监国元年。

这年八月，郑芝龙带郑成功朝见隆武帝。隆武

郑成功戎装像（泉州郑成功研究会提供）

帝见郑成功气宇轩昂，交谈中掷地有声，有立志报国胆识，故赐姓"朱"，郑成功的尊称"国姓爷"便由此而来。

隆武元年（1645）起，郑成功随驾出征到延平（今福建南平）。次年二月，隆武帝驻跸福建军事战略要地延平。是年三月，

郑成功在延平向隆武帝"条陈":"据险控扼、拣将进取、航船合攻、通洋裕国。"后人称之为"延平条陈"。因地制宜、注重军队管理、吸纳人才、壮大军饷后备力量等因素,正是郑成功日后能坚持长达十七年之久的抗清斗争并取得复台胜利、开台成功的重要原因之所在。隆武帝对此赞叹不已,称之为奇策,并封郑成功为"忠孝伯",赐尚方剑,挂"招讨大将军"印,在延平设军事指挥部、水师训练基地,巡守闽浙赣边关。

《延平条陈》

南明隆武二年(1646)八月,因郑芝龙撤军,致使仙霞岭长达二百里的关隘无人值守,清军长驱入闽。八月二十八日,隆武帝一行逃离至汀州(今福建长汀),惨遭清军俘杀,南明隆武政权宣告灭亡。

清军入闽,未遇到任何抵抗便顺利占领福州,攻下兴化(今莆田)、泉州、漳州等地。与此同时,清军统帅多次派人劝降郑芝龙,以"今两粤未平,铸闽粤总督印以相待"为诱饵。郑芝龙接受招降，十一月，按要求前往福州，自恃身家强大不加防备，被清帅博洛擒首挟持"北上面君"，在北京被授予"精奇尼哈番"（满语"总兵"的意思），但有职无兵，遭受软禁。十一月三十日，清军攻入安平，郑成功母亲田川氏在战乱中自尽。

十二月初，郑成功闻报父亲被挟持北上生死未卜，又得知母亲殉难。郑芝龙曾多次劝说郑成功降清。忠孝如何两全，是郑成功面临的一次人生重大抉择。违背父亲的意志，即与整个家族对抗；拒降清廷，则是与之为敌。郑成功感恩南明隆武帝的知遇之恩，拒绝父亲的劝降，舍弃家族，在他后来的军政生涯中，始终只用"招讨大将军"名号行事，即便后来的永历帝封他为威远侯、漳国公、延平王等称号，他都未曾改变。为了杜绝放虎归山，清廷将郑芝龙在北京软禁起来，最后落得身首异地的凄惨境地。

南明隆武二年（1646）十二月，郑成功毁掉祖宅，前往南安孔庙，在家乡孔庙前焚烧青衣（儒士穿的衣服），并起誓："昔为孺子，今为孤臣。向背去留，各行其是。谨谢儒衣，惟先师昭鉴之。"

郑成功以"招讨大将军罪臣国姓"的名义，

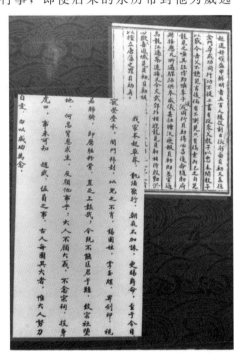

郑成功报父书（摄于厦门郑成功纪念馆）

会同流亡南下的隆武帝朝臣曾樱、路振飞等，并召集父亲旧部洪旭、陈辉、张进等九十余人，"遂密带一旅遁金门"，在金厦沿海一带正式举起抗清的旗帜。郑成功所依托的，只有厦门和金门两个小岛。以弹丸之地对抗强大的清军，实属不易。

南明永历元年（1647）初，郑成功在南澳（今广东汕头南澳）募兵千人，在叔父郑鸿逵、郑芝豹等人的支持下壮大军事力量，并接收郑芝龙留下的产业及海外贸易事业，集中力量抗清，成为南明后期主要军事力量之一。

第二节　夺军权建立抗清根据地

既已在孔庙前立誓抗清，郑成功就已做好长期征战的准备。

当时，东南沿海各岛屿中，厦门、金门、铜山（今福建东山）以及广东南澳为郑氏旧部占据，北面海坛、南日、舟山等十余处岛屿由浙东另一南明政权鲁王部驻守。郑成功起兵时只有九十余人，兵少粮缺。郑芝龙降清，其兵权由郑成功的叔父郑芝莞、郑鸿逵等掌握。

清兵的南下使得各地抗清斗争蜂起不断，为郑成功招兵买马起了推波助澜的作用。

最先回到郑成功麾下的是施琅。郑芝龙带五百随从到福州降清，当中有施琅。郑芝龙被挟持北去，施琅等被编为清兵去打广州。郑成功前往广东南澳（今广东汕头南澳）募兵，招回了施琅，施琅手下有八百人，至此，郑成功共得三千多人起义队伍。

厦门是郑彩、郑联的地盘。郑彩、郑联和熊汝霖一起扶助鲁王朱以海，与隆武政权争夺势力。郑彩跋扈自雄、擅杀大学士熊汝霖，排斥异己，引发百姓强烈不满。施琅说："郑联乃酒色之狂徒，无谋之辈，藩主可领四只巨舰，扬帆回师。寄泊鼓浪屿。

彼见船少，必无猜疑。其余船只，陆续假装做商船，或寄泊岛美、浯屿，或寄大担、白石头，或从鼓浪屿转入崎尾，或直入寄碇厦门港水仙宫前。藩主登岸拜谒，悉从谦恭，然后相机而动。此如蒙赚荆州之计也。"①

南明永历四年（1650）中秋，郑彩外出浙海，郑成功计杀郑联，占领厦门。郑彩知道大势已去，说："吾年老气衰，细观诸子弟能够继承大志的，只有大木而已，吾愿全师解付。"郑成功自此接收了郑彩、郑联的部队，并取得厦门、金门作为根据地。

厦门园林植物园内郑成功杀郑联处

南明永历四年（1650）十一月，清平南王尚可喜、靖南王耿继茂率数万铁骑攻入广州；郑成功奉敕南下勤王，令叔父郑芝莞

① 刘海英等主编：《忠义丈夫郑成功》，远方出版社，2005年。

留守厦门。十二月，郑成功抵广东揭阳，与郑鸿逵会师，由郑成功继续率军南下勤王，而郑鸿逵则移师往厦门协防。

南明永历五年（1651）正月，郑成功抵南澳。二月二十五日，郑军舰队在盐洲港附近遭遇风暴，郑成功的主船险些解体、翻覆，所有船上器具几乎丢失，连食物都无法准备，隔天下午风雨渐歇，郑成功的主副座船才得以回到岸边与舰队会合。三月，郑军抵达广东大星所（今广东惠东）。

得知郑成功的主力军队已经前往广东，厦门防务松散，清福建巡抚张学圣命令马得功、王邦俊等趁虚攻击厦门。郑芝豹受马得功挟持，交出船舰渡载清军往厦门；负责厦门防务的郑芝莞未战先怯逃亡，赴厦门支援的郑鸿逵亦受马得功威胁，无奈之下只好放走马得功。郑成功班师回厦门，收复厦门后，郑成功追究责任，将叔父郑芝莞斩首；而放走马得功的郑鸿逵则交出兵权，自请隐退晋江东石白沙，不再过问政事。同年五月，郑鸿逵麾下大将施琅擅自处决郑成功部将曾德，郑成功诛杀施琅父亲与兄弟，导致施琅再次降清。这场风波之后，郑成功控制了整个家族二十万兵权。

厦门园林植物园内郑成功读书处

郑成功整军备战，有着严格的组织纪律、精明的策略方针。广纳人才、礼贤下士是郑成功军队不断壮大的一个重要因素。对前来投奔的儒生，皆礼遇有加，格外尊重，如在南京曾担任他私塾先生的许孚远，来投奔时，郑成功以弟子礼迎接。原浙江巡抚卢月腾，进士叶翼云等人也前来投奔，这些人后来多数跟随郑成功前往台湾。台湾文教大兴，儒家文化广传，实从此肇始。纪律严明、奖赏分明是另一个因素。南明隆武时期，郑成功在福州抗清的斗争中，秋毫无犯，严禁焚烧淫掠，不准擅动民间一草一木，禁止宰杀耕牛等，深受百姓欢迎。

其次便是物资力量。郑军所控制的地域仅金门与厦门，陆地面积十分有限。为维持庞大的军饷开支与日常运转，同时支撑抗清战事的财力物力，光靠陆地资源是远远不够的。经营好父亲郑芝龙的资产与财富便成为郑成功的当务之急。

兵马未动，粮草先行，行在商。《伪郑逸事》载："成功以海外弹丸之地，养兵十余万，甲胄戈矢，罔不坚利，战舰以数千计，又交通内地，遍买人心，而财用不匮者，以有

明嘉靖《平寇碑记》

通洋之利也。"《海上纪略》载："本朝严禁通洋，片板不得入海；而商贾垄断，厚赂守口官兵，潜通郑氏，以达厦门，然后通贩各国。凡中国各货，海外皆仰资郑氏。于是通洋之利，惟郑氏独操之，财用益饶。"

郑芝龙受降清廷时，财产军队几乎都充公，但有一样东西没有交付清廷，清廷也无暇顾及，就是他苦心经营多年的东亚贸易

网络。早在明崇祯六年（1633），在与荷兰军舰的金门岛料罗湾海战中，郑芝龙成功击败西方海上势力，在郑和船队退出南中国海域两百年后，重新夺得了海上交通贸易主导权，奠定了郑芝龙集团的海上霸主地位，使其发展成为拥有三千多艘海洋贸易船只的庞大的海上贸易集团。根据史书记载，当时郑芝龙集团势力已经达到"凡海舶不得郑氏令旗，不能来往，每舶例入二千金，岁入以千万计，以此富敌国"的地步。

郑芝龙被软禁，他经营管理多年的海外贸易就被迫中断。于是，郑成功以商养战，以长子身份开始经营海外贸易，很快便与日本及西班牙人、荷兰人建立了贸易往来；在鼓浪屿练兵期间，厦门与日本、东南亚之间贸易航线重新开启。

中国与日本进出口商品

货物类别	输出（含台湾土产）	输入
手工业品	绫、罗、缎、绸、绢、绒等丝绸、棉布、葛布；纸、墨、扇、砚等文房用具；瓷器、锡器、木偶、皮匣、燕脂、锅、牛筋等	金器、银器、硫黄、漆器
书册古玩	书籍、墨迹、绘画、古董、花石	
农产品及加工品	茶、冬笋、南枣、漆、砂糖、藕粉、攀枝花等	海产山货类、海参、香蕈、鲍鱼、鱼翅、昆布、水獭、猞子皮、烟
医药类	明矾、红石、芍药、何首乌、白术、甘草、海螵蛸、红花、木槵、天门冬、沉香、玳瑁、龙脑、麝香、蚺蛇胆、车漂等	柴梗、紫草、木香、田狗皮、黄连、麝香料
金属类	亚铅	金、银、铜、刀
果品	菠萝蜜、龙眼、荔枝、橄榄、蜜饯	
珍禽类	翡翠、鹦鹉、五色雀、碧鸡、孔雀	

（资料来源于南安郑成功纪念馆）

《安海志》记载，郑成功沿袭郑芝龙当年海贸旧规，编组东西洋船队，航行于台湾海峡，以及日本、吕宋和南洋其他各地，采取五大商的组织形式。五大商，指的是设在杭州、山东及其附近各地的金、木、水、火、土陆上五商和设在泉州及附近各地的仁、义、礼、智、信海上五商。海陆五大商采取分工合作经营的方式，即陆五商先行领取公款，采购丝货及各地土产，将货物送交海五商，再向公库结账，并提领下次的购贷款，而海五商接到货后，就装运出洋贸易，待返航后同公库结算。他开设的商贸组织，在外地采购生活用品如丝绸、粮油及军事用品如铁器、硝黄等运往厦门，同时将畅销品茶叶、丝绸、药材、瓷器等从厦门转运到南洋各国，使厦门成为一个相当开放的对外通商口岸，与南洋的吕宋、暹罗、柬埔寨、安南的贸易关系密切。

贸易来往频繁，资金筹备充足，郑成功开始着手抗清。南明永历五年（1651）五月起，郑军在小盈岭（今翔安、南安交界

小盈岭郑成功古战场遗址（陈志雄摄）

处）、海澄（今属龙海市）等地战斗，获得了磁灶战役、钱山战役和小盈岭战役三战三捷的胜利，收复漳州漳浦、平和、诏安等地；郑军名声大振，声势愈发高涨。

南明永历六年（1652）春节刚过，郑成功又率军马不停蹄地进入漳州，围攻长泰，与闽浙总督陈锦交战，力战数日，在江东桥战役中大胜，乘胜包围了漳州府。陈锦兵败，清廷担心郑成功势力无法控制，便派平南将军金砺率骑兵，凭借威力惊人的大炮与骑兵精英，联合浙江、福建两地的驻军，开始对郑成功部队进行反击。即日交战，郑成功部队连受打击，后死里求生，反败为胜。

南明永历八年（1654），永历帝敕封郑成功为延平王，郑成功谦辞不受。翌年四月，永历帝再次下诏并赍延平王册印至厦门，郑成功不再推辞，受封为延平王。南明永历九年（1655），永历帝特准郑成功在厦门设置六官及察言、承宣、审理等官方便施政，同时允许他委任官职，武官可达一品，文职可达六部主事。郑成功参照设置了吏、户、礼、兵、刑、工六官；同时把厦门（当时称中左所）改为思明

南安石井靖海门

州，意为"思念明朝"之意；建造演武亭，亲自督察官兵操练。

几经筹谋与准备，郑成功将目标瞄准了金陵（今南京），意图攻下金陵。南明永历十二年（1658）五月，郑成功率领十七万大军，战船数千艘，从厦门出发，北上抗清，受浙江羊山暴风雨袭击，损失惨重，于是打道回府。次年五月，再度挥师北伐，一

举夺得瓜州、镇江等地，进围金陵，后不料中了南京清军提督管效忠诈降的缓兵之计，郑军死伤无数，挥泪撤兵，大败而回厦门。

　　南明永历十四年（1660），清安南将军达素率领大军直抵福建，意取厦门。面临清军压境，郑成功将驻外部队全部集中在厦门岛，将所有将士的家眷百姓转移到金门岛，由郑成功率军抵御清军。清军士兵数量庞大，几经交手，但终不是郑军水师的对手，惨败而归。

郑军编制简表

军种	军队名称	附注
亲军	左武卫镇、右武卫镇	武卫镇原为戎旗镇、武镶镇，各镇下辖左右中前后五协。虎卫镇原为骁卫镇，各镇下辖左右前后四协并火攻、领兵二营
	左虎卫镇、右虎卫镇	
	亲丁镇、提督亲军骁骑镇	
陆军	左提督、右提督、中提督、前提督、后提督	各提督下辖左右中前后五镇
	左先锋镇、右先锋镇、中权镇、前锋镇、后劲镇、北镇	
	援剿左镇、援剿右镇、援剿前镇、援剿后镇	
	左冲镇、右冲镇、中冲镇、前冲镇、后冲镇	
	护卫左镇、护卫右镇、护卫中镇、护卫前镇、护卫后镇	后改护卫镇为宣毅镇
	礼武营、智武营、信武营、仁武营、义武营	后改营为镇
	英兵营、游兵营、奇兵营、殿兵营、正兵营	后改营为镇
	角宿营、亢宿营、氐宿营、房宿营、心宿营	后十八宿营拨归镇，不另设
	尾宿营、箕宿营、斗宿营、牛宿营、女宿营	
	虚宿营、危宿营、室宿营、壁宿营、奎宿营	
	昂宿营、柳宿营、井宿营	
	金武营、木武营、水武营、火武营、土武营	后改营为镇

（续表）

军种	军队名称	附注
水师	水师左军、水师右军、水师前军、水师后军	
	水师一镇、水师二镇、水师三镇、水师四镇	
	水师五镇	
	水师内司镇、水师前镇、水师后镇	
特殊兵种	神器镇、铁骑镇、神机营、火攻营、神威营	
附：监军系统	监军御史、督阵官	
	总理监营	下辖大监营、监营若干
	大监督	下辖监督若干
	监纪同知、监纪通判	下辖监纪若干
	察饷司	下辖大饷司、饷司若干

（资料来源于厦门郑成功纪念馆）

第三节　收复、经略台湾

在厦门保卫战役中，虽然获胜，郑成功也面临着前所未有的压力，一是厦门岛面积太小，资源匮乏，如果清军大军压境多日，支援部队赶到，绝对没有回旋的余地；二是清廷采取封锁政策，切断厦门同大陆的往来，限制了郑军势力的扩张。要摆脱困境与压力，郑成功唯有建立一个广阔、稳定的新基地，收复台湾将其作为抗清的大后方便成了计划。

明天启四年（1624），荷兰殖民者凭借强大的军事力量，武装侵略占领台湾，实行殖民统治。荷兰人统治期间，把土地占为己有，强迫农民缴租，开征苛捐杂税；制造白色恐怖，肆意镇压、杀害台湾人民。

南明永历十五年（1661）三月二十三日，郑成功率领两万五千多名将士，五百多艘战船，从金门的料罗湾出发，渡海东征台湾，与荷兰殖民统治者展开了激烈的海陆军事战争。至永历十五年十二月十三日荷兰殖民统治者才投降，其间近九个月的时间，战事进行得相当艰难而漫长。

油画《郑荷海战》（泉州郑成功研究会提供）

当时的荷兰，号称"海上马车夫"，虽驻地只有两千多士兵，但拥有世界上最先进的战舰与红夷大炮。红夷大炮炮管长三米左右，口径 110～130 毫米，重量在两吨以上；管壁厚，在炮身的重心处两侧有圆柱形的炮耳，火炮以此为轴可以调节射角，配合火药用量改变射程；

郑成功《复台》诗（摄于厦门郑成功纪念馆）

设有准星和照门，依照抛物线来计算弹道，精度很高。

　　南明永历十五年（1661）四月初一，郑军船队从防备较弱的鹿耳门水道进入，直达普罗民遮城（今赤崁楼）。台湾本地民众积极响应一致对抗荷军，展开进攻。陆地上，荷军上尉贝德尔带领士兵手持先进武器，与郑军对战，郑成功"铁人兵团"勇猛作战取得胜利；随后在台江海域海战，郑军战船冒死引爆荷军支援舰队"赫克托"号火药仓库，取得台江内海控制权和普罗民遮城，以此作为根据地，从海陆两方围困热兰遮城（今安平古堡），却久攻不下。

　　由于历时时间长，军饷粮食短缺，迫使郑成功一边调整作战计划，对热兰遮城采取长期包围的战略；一边派官兵垦荒、征收钱粮，解决燃眉之急。被围困七个多月后，敌军水源被切，弹尽粮绝，到了十二月十三日，荷兰殖民长官揆一签字投降，彻底结束了长达三十八年之久的殖民统治。台湾重新回到祖国怀抱。

郑成功战舰模型（摄于南安郑成功纪念馆）

郑军到了台湾，制定军队管理制度，并严谨执行，下令不许干扰影响当地高山族同胞的日常生活，不许侵占高山族的耕地。因为郑军的规范管理与正义的作战目标，使得在郑成功收复台湾时，大量当地居民加入战斗，为驱逐荷军起到了不可忽视的作用。当时"各近社土番头目，俱来迎附"，南北土社"闻风归附""男妇壶浆，迎者塞道"。

郑成功驱逐了当时世界头号海上霸王荷兰殖民者，收复台湾，维护了中国的领土完整，使台湾汉族、高山族同胞不再受殖民压迫，是中国人民反抗殖民主义斗争的伟大胜利。郑成功是一位值得人们怀念的民族英雄。

郑成功受降雕像（厦门郑成功纪念馆提供）

郑成功收复台湾后，写下了《复台》一诗："开辟荆榛逐荷夷，十年始克复先基。田横尚有三千客，茹苦间关不忍离。"与将士们同甘共苦、生死相依的血肉深情跃于纸面。

郑成功虽然在台湾只经营半年多的时间，但建立了以汉文化为中心的郑氏政权，成效颇显。

在政治上，郑成功改称台湾为东都，改热兰遮城为安平镇，名为王城，改设赤崁城为承天府，为东都明京。承天府下设天兴县和万年县，王府设置"吏、户、礼、兵、刑、工"等六部行政管理机构，在基层设置"牌、甲、保、里"等户籍管理制度。

清朝台湾地图（复制品，摄于南安郑成功纪念馆）

经济上，重视农业生产，传授先进生产技术，大力推广屯田制度。军队亦农亦兵，官员垦荒，并组织大规模移民迁往台湾开荒耕地。同时重视发展海上贸易，利用台湾独特的地理优势以及郑氏海上贸易的丰富经验，郑成功继续与其他国家互通有无，与日本、吕宋、安南、暹罗等国开展贸易，把台湾的砂糖、药材、硫碳等远销海外，再换回铅、铜等物资，极大地促进了台湾经济的繁荣与发展。

文化方面，兴办教育，坚持以儒学为基础，兴办学校，主授四书五经，实行科举考试制度；兴建庙宇，传播中华文化信仰，从而推进台湾文教的发展，中华文化的民间信仰也在台湾迅速传播。

郑成功收复台湾不到半年，由于长年戎马生活，积劳成疾；此时，又从大陆传来噩耗：父亲郑芝龙及一家十一口在北京被清廷斩杀，其余家属流放东北宁古塔；南明永历皇帝被吴三桂绞杀于云南昆明。父死君亡，郑成功心力交瘁，于南明永历十六年（1662）五月初八（6月23日）逝世，葬于台南洲仔尾。郑成功逝世后，其儿子郑经继承其位，治理台湾。经过几年治理，台湾

郑经像

俨然成为土地肥沃、物产丰厚的富饶之区。郑经主政时，稻米和蔗糖，每年输出量达三千万担，"岁得数十万金"，"凡中国各货，海外皆仰资郑氏，于是通洋之利惟郑氏独操之，财用益饶"。

施琅平台时，台湾"沃野土膏，物产利溥，耕桑并耦，渔盐滋生，满山皆属茂树，遍地俱植修竹、硫黄、山藤、蔗糖、鹿皮以及一切日用之需，无所不有。"

纵观郑成功的一生，集军事家、政治家于一身，民族英雄称号当之无愧。

第二章　延平郡王信俗的形成与特征

第一节　信俗的历史渊源

郑成功逝世后，台湾百姓以将军庙祀之。郑氏归降之后，民间以二王庙来祭祀纪念郑氏。清光绪年间，清钦差大臣沈葆桢巡视台湾，上书朝廷请建延平郡王祠，郑成功才名正言顺得以称号纪念，官方与民间的祭祀得以统一。

延平郡王信俗的形成，是从最开始的祖先敬仰与个人敬仰，通过传说，将他由人升格为神明，并对其进行神明崇祭。

一、 信俗的起源：民间传说

任何一种信仰的形成、发展与传播，都离不开故事传说的影响。这些传说故事虽然与历史真相相差甚远，但它寄托了人们对生活的认知与理解，从一定程度上反映了民众对自然灾难等现象的恐惧无助。郑成功是闽台历史上具有开创性意义的人物，闽台民众敬畏郑成功，有许多与之相关的人物传说，为信俗的形成起到了推波助澜的作用。

在郑成功的故乡及生活、征兵作战过的地方，如南安、南平、晋江、龙海、厦门及台湾等地，流传着许多关于郑成功的民间传说。这些民间传说，记述了民族英雄郑成功短暂、传奇的一生。三百多年来，这些传说广为流传，在海峡两岸人民群众的心中留下深刻的印象。

1. 隆武帝、郑成功与石印

一日，南明隆武帝与郑成功一起坐船到延平城上游的际洲岛。望着眼前开阔的江面，隆武帝十分感触。他向站在一边的郑成功问道："大明的江山已经破碎了，你为什么还跟着我呢？"郑成功回答说："作文官不贪财，当武官不怕死，大明江山就可以保住呀！"隆武帝一听，认为郑成功年纪虽小，却很有胆识，能文又能武，是个不可多得的将帅之才。在大明江山风雨飘摇之际，能够得到这样的人才，犹如黑夜中见到了一线亮光。隆武帝便想封他为招讨大将军，可又没有把将军印带来，心里真有点着急。

忽然间，隆武帝看见江边有一块很像印信的大石头，心里一动，就将船驶到那块大石头旁边，大声说道："郑森，朕封你做招讨大将军，请来接印！"郑成功一听赶忙跪下，正欲接印，却不见授来的印信，心中不禁犯疑。他抬头一看，见隆武帝站在那块石头旁边，晓得隆武帝是把那块石头代替军印了，慌忙下船跪接。

2. 招贤桥

为了广招四方豪杰贤才，扩充兵力，郑成功曾在南安丰州孔庙前的潘山村石桥上，竖旗设案，命人在石桥上摆了一张方桌，桌上放着一个盛着清水的碗，一把宝剑，一支蜡烛，一副火刀、火石。郑成功亲自吩咐手下，只要有人动桌上的东西，就立即禀报。

石桥上人来人往，但行人只是好奇便匆匆一瞥即过。到了第三日晌午，只见一位大汉，体格魁梧，身穿褐衫，头扎汗巾，肩

招贤桥

挑鱼篓,气宇轩昂地走近方桌,放下担子,观察片刻,两道剑眉一扬,便伸手握起宝剑击碎盛满清水的碗,接着又捡起火刀火石"咔嚓"一声点燃了蜡烛。

这时,守候一旁的亲兵见状赶忙向郑成功报告。郑成功听了大喜,立即到桥头迎接大汉,笑着问道:"壮士尊姓大名?"

那大汉答:"小名陈永华,本籍同安,仰慕国姓爷威名,听闻举旗招贤纳士,特地前来投奔。"

郑成功又问道:"敢问壮士以剑击水、引火燃烛,意义何在?"

陈永华答道:"宝剑击碎清水,以喻'反清',火石点燃蜡烛,以喻'复明'。国姓爷所寓深意,令人钦佩!"

郑成功一听,更加喜出望外,眼前这个挑鱼大汉,果然是个才智不凡、志同道合之士。郑成功不禁连声赞叹:"难得壮士有此胆识,何愁不能收拾破碎河山!"于是便将这位大汉延揽麾下。这位大汉正是陈永华(1634-1680),字复甫,福建省同安人,明末举人陈鼎之子。陈永华日后成为郑军的得力谋将,在收复治理台湾的过程中,起到了举足轻重的作用。

郑成功设案招贤的故事，便一传十、十传百，传遍了东南沿海，许多英雄豪杰纷纷前来投奔，有不少人后来成为郑军中出色的将领，在郑成功抗清复台的事业中屡建战功。

3. 国姓井

相传南明永历年间，郑成功偕同夫人董氏从厦门鼓浪屿回到了故乡石井，在石井屯师练兵。

回乡之初，故乡大旱三月，庄稼枯黄，田地龟裂，滴水如油。乡亲们只能靠着牛岭山麓那口小小的石井，从早到晚到此轮流提水。当时，郑家军有数千人驻扎，

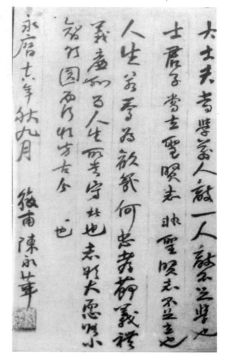

陈永华任参军时的手记（摄于厦门郑成功纪念馆）

军队饮水、烧饭等生活用水都成了问题。甘辉提督和叔父郑鸿逵，无计可施，想撤离石井，另择操练场地。郑成功听后，沉着地说："石井素有'海都'之称，乃是屯师练兵之胜地，千万撤不得！"

说罢，郑成功和董夫人想到祠堂祭拜祖先寻求帮助，却只见乡亲们把甘辉和郑鸿逵围住，要求郑家军收下石埕上的一排井水。郑成功看到父老乡亲如此拥戴郑家军，盛情难却，只好答应收下。

单靠那口小小的石井是远远不够的。郑成功心情沉重，独自

漫步海滩。当他走到岸边相思树下的时候，忽然发现有成群的蚂蚁在爬行。郑成功喜上眉梢，赶快解下束腰玉带，寻至蚁窝将它圈了起来，并立刻召甘辉提督带一队兵士前来，他胸有成竹地说："从本藩玉带所环之沙地下挖，必有清泉水。"

兵士们心想这儿哪会有淡水，便迟迟未下镐。郑成功见兵士犹豫不决，微微一笑，从一位兵士手中接过一支铁镐，亲自破土。这时，甘辉提督和兵士们也立即一起动手挖井。

厦门国姓井（谢明俊提供）

掘开沙地不及五尺，只见一股清澈的泉水从土里冒了出来，很快就汩汩响地涌溢出地面，掬口泉水尝尝，很是甘甜。将士们十分惊讶：这一带挖出来的水竟然没有半点儿咸味？他们就说国姓爷是东海神鲸转世的，这束腰的玉带是天上神仙的宝贝。

郑成功听后淡然一笑，对将士们解释道："蚂蚁在有淡水的地方才能生存，若是咸水则难以生存。并非本藩有什么神力能让龙王献出淡水，实为沙地之下有淡水源头，一经掘开即喷涌而出。"

郑成功自从在海边沙地上开凿出这口井后，觉得故乡应不乏淡水泉源，就发动郑家军兵士在故乡各处寻源打井。数日之内，就接连挖出了几十口水井，众乡民得到启发，也纷纷找泉脉挖井。乡村内外遍布了水井，解决了饮水、灌溉的困难。父老乡亲们兴高采烈地品尝着清冽甘美的井水，欢喜地说："国姓爷真会为百姓着想啊！"后来，人们就把这口由郑成功开凿出来的井，叫"玉带环沙国姓井"。

在台湾台中市大甲区铁砧山亦有一口"国姓井"，相传郑成功经过此地时，见当地百姓吃水困难，于是拔剑出鞘，掘地得泉，名为剑井。今井台呈船形，上书"剑井"两个大字，高仅两尺，直径一米。水深只有一尺，但长流不绝。

台中国姓井及浮雕（厦门郑成功纪念馆提供）

4. 中秋博饼

中秋博饼是以厦门为中心，流传于周边漳州的龙海、泉州的晋江安海及金门县等地的一项重要民间习俗。

中秋博饼起源于厦门，最早的历史已不可考，至迟于明末清初，闽南已有中秋节博饼的习俗。据传说，当时郑成功据厦抗

25

厦门某小区中秋博饼现场

清，其士兵多来自福建、广东等地，中秋前倍加思念远方的亲人。郑成功与兵部衙堂（今厦门洪本部巷 33—44 号）的属员为了疏解士兵愁绪，鼓舞士气，于是经过一番推敲，巧妙研究设计出中秋会饼，让全体将士在热闹的博饼氛围中度过中秋节。

中秋博饼这一民间习俗的参与性很强。参与者投掷六个骰子，以骰子投掷结果组合来决定奖品大小，对应科举制度的状元、榜眼、探花、进士、举人、秀才，并获得相应的奖品——大小不等的月饼。中秋博饼游戏规则公平，方法简单有趣，带有一定的竞技游戏性质。

近年来，中秋博饼习俗逐渐传播到闽南其他地区、我国港澳台以及海外东南亚的闽南人聚居地。在厦门节庆习俗中，中秋博饼前后历时一个月，大街小巷到处有市民掷骰的清脆声音。

2005 年 10 月，厦门中秋博饼被福建省人民政府列入第一批省级非物质文化遗产代表作名录。

5. 活命神仙

台湾人民，历来都把"沈中丞"视为救命神仙。每逢迎神赛会，在彩旗上、花屏里，都可以看到"沈中丞悬壶问世"的故事图。这位沈中丞，《台湾府志》中介绍道："沈佺期，号复斋，南安人，晋江籍。……清兵入闽，佺期遁迹厦门，旋往台湾。……常以医药济人，全活无算。"

沈佺期像

沈佺期从小生活在山野之中，谙熟许多民间青草药方，后来读书中了进士，做了吏部郎中。清兵入关后，他不肯投靠清廷，但看见明朝大势已去，便弃官南下回到家乡，隐居在南安大帽山甘露寺。

相传郑成功在安海招兵买马之际，沈佺期也在南安九溪十八涧招纳乡兵，以支援郑成功。后来，郑成功请他协办军机，称他为"老先生"，军中的将士们尊称他为"中丞大人"。在诸多战役中，都有沈佺期的功劳。后来，他不顾年老，随水师跨海东渡，征讨侵占台湾的荷兰殖民者。

未料大军进驻台湾后，由于水土不服，军内痢疾频发，严重影响了作战计划。沈佺期熟知草药特性，便到山上找来几种青草药，很快就治好了大家的病。从此，沈中丞"为医如神"的美誉就在军营传开。

郑成功见台湾山区人民生活贫困，文化落后，又缺医少药，便叫沈佺期常去巡医。此后，常常可以看见这个方脸大眼的美髯公，身着灰衣，头戴方巾，脚穿草鞋，手拿一根挂着一大一小葫芦的藜仗，穿街过巷，爬山越岭，走遍偏僻的村社行医，治好了不知多少百姓。

油画《郑成功受降图》（摄于南安郑成功纪念馆）

沈佺期在台湾行医济世二十多年，救死扶伤，带徒授医，积极传播传统医学，对台湾的医学有着深远的影响，赢得"悬壶问世"的美名，被奉为"台湾医祖"。

6. 水牛庙

台湾嘉义县的虞溪（今牛稠溪）溪畔，有一座古庙，里面尊奉着一头泥塑的大水牛，这就是牛将军庙。相传福建泉州的一些百姓跟随郑成功来台，在虞溪两岸定居垦荒。垦荒条件艰苦，于是，郑成功分给他们八头水牛，他们感激不已，一直将八头水牛饲养到死，并给予厚葬，在水牛饮水的塘边建庙祭祀。庙内供一头水牛塑像，旁立牧童一名。当地居民每年秋后，便来此献上牧草一束，清水一桶，作为祭品。

7. 南平战胜鼓

民俗舞蹈战胜鼓，又称战台鼓、战斗鼓、国姓鼓，流行于南平延平区王台、峡阳一带，至今已有三百多年的历史。在延平，郑成功以擂响战鼓来操练和指挥作战。有个薛姓的峡阳人任旗手，善于击鼓，曾参加过郑成功收复台湾的战役。解甲归田的老人，把击鼓技艺传授给了乡里的少年。因为是郑成功收复台湾时军队所用的鼓点和击法，所以初名"战台鼓"。表演时，以扁鼓为主奏，击鼓者左臂掌环抱扁鼓于左胸前，右手执单槌击鼓，在鼓谱的节奏变化中，变换着击鼓的舞姿、舞步，展现将士出征时粗犷、英勇、大气磅礴的精神面貌。2005年10月，延平战胜鼓被福建省人民政府列入第一批省级非物质文化遗产代表作名录。

延平战胜鼓（来自福建省非物质文化遗产保护中心）

8. 建瓯挑幡

传说追随郑成功征战的建瓯大州造船工匠，返乡后把带回的战旗高挂在竹杠上，以示纪念。历经三百多年，形成建瓯挑幡。建瓯挑幡，不同于北京、河北、河南等地的"中原幡"；幡体长且重，挑法"雄"中有"刚"，表演套路十多种，惊险奇特，男女老少齐上阵。2005年10月，中幡（建瓯挑幡）被福建省人民政府列入第一批省级非物质文化遗产代表作名录。

中幡（建瓯挑幡）（来自福建省非物质文化遗产保护中心）

二、信俗的形成

南明永历十六年（1662）五月初八（6月23日），郑成功因病去世。郑成功初入仕途，便被南明隆武帝封为"招讨大将军"，在起兵抗清、收复开发台湾的过程中，一切的军政发令，都以"招讨大将军"名义，因而，台湾百姓建立将军庙来祭祀他。

南明永历三十五年（1681年）正月，郑经英年早逝，根据遗愿与郑成功合葬。郑经长子郑克臧在内部斗争中被杀。大臣冯

郑克塽在民间信俗中兼具太子爷与王爷的身份（引自蔡相煇：《台湾的祠祀与宗教》）

锡范拥立十二岁的郑克塽为郡王。四月，郑克塽追谥郑成功为潮武王、郑经为潮文王，合祀两人的庙改称为"二王庙"。郑克塽资质平庸，娶冯锡范的女儿为妻，于是冯锡范便成了实权者，郑克塽成为其附庸。这时，郑氏政权在经济、政治、军事上远非昔日可比，内部四分五裂，民心惶惑不安。

清廷平定三藩之乱后，便开始筹划消灭郑氏政权、统一台湾的准备。康熙帝抓住这个机会，经过深思熟虑、精心部署，于康熙二十二年（1683）六月，派施琅率水军二万，战舰三百，渡海征台，郑军主力二万及战船二百，被迅速击溃。七月，清军兵临安平城下，郑克塽在大势所趋之下率残部归降。

台湾自此划入清版图，二王庙的祭祀，则由民间祭祀转为私人秘密祭祀。

二、 清朝延平郡王信俗的演变

（一） 私下祭祀

台湾百姓迫于压力，不敢公开修建纪念郑氏的祠庙，庙名多讳成功之名，采用保安宫、镇安宫、德天宫、灵慈宫、永奠宫、沙东宫、祝天宫等一般庙名；有的则与他神合祀，如苗栗竹南三圣宫，系与开漳圣王、保生大帝合祀，台南市二王庙与郑王爷合祀，彰化永安宫与玄天上帝合祀，台中顺福宫与李金朱万伍岳纪温等王爷合祀，花莲郑圣祠则俗称城隍庙。

台湾民间设庙供奉最多的神明是福德正神，第二便是王爷。王爷信仰是闽南一个重要的民间信仰，王爷，在闽南话中，是指对有功德，或令人崇敬、尊重、敬畏的人的一种尊称。

连横认为，王爷信仰的来源，是台湾民间仿花蕊夫人把孟昶称为张仙加以供奉的办法，将郑成功改姓换名，以王爷名义加以祠祀，信徒称他为"开山王""开台圣王"或是"延平郡王"。康熙《福建通志》在描述二王庙时，称其所奉祀"为代天巡狩之神，威灵显赫"。虽然比较隐晦，但可见一斑。至康熙三十四年（1695），高拱乾修《台湾府志》十卷，在卷九描述二王庙时仅言："二王庙，在附郭县东安坊。"此时期该庙为民间私庙。

连横在《台湾通史》里记述说："吾闻之故老，延平郡王入台后，辟土田，举教养，存明朔，抗满人，精忠大义，震曜古今。及亡，民间建庙以祀，而时已归清，语多避忌，故闪烁其词，而以王爷称。"

学者蔡相辉在《台湾的王爷与妈祖》一书中写道："可知明郑时代台湾王爷信仰之概略情形，即民间或政府基于崇功报德之心理，于郑成功逝世后建庙祀之，其庙称将军庙。至郑经逝世后，郑克塽拜表请谥成功为武王、经为文王，两王合葬，遂称二

王庙……不旋踵郑克臧逝世，因克臧生前未袭王爵，而民间均俗称其为太子，故其庙称为太子庙，合祀成功祖孙三人之庙，则称

大人庙或三老爷庙……三位老爷之脸色，深褐色者为郑成功、赤红色者为郑经、白色者为郑克臧，亦符合三人之生前活动背景。"①

郑成功是最被台湾民间崇敬的开台圣贤之一（引自蔡相炜：《台湾的祠祀与宗教》）

"代天巡狩"是指皇帝派官吏代为巡察天下，而郑成功早在南明隆武帝时，即受封为招讨大将军，赐尚方宝剑，其身份已足够"代天巡狩"。郑成功的军政生涯中，一直以"招讨大将军"的身份行其职权，直至病逝。后来郑经亦袭封延平郡王爵位，因此称他们为"代天巡狩"不为过。至今，在台湾民间一些祠庙上，大家仍可以看到"代天巡狩"四字，台湾著名史学家连横在《台湾通史》中对此解释，正因为明室在大陆已亡，而郑成功"开府东都，礼乐征伐，代行天子之事"，故百姓便将台南开山王庙称作"代天府"。

康熙三十八年（1699），康熙皇帝下诏："朱成功系明室之遗臣，非朕之乱臣贼子。敕遣官，护送成功及子经两柩，归葬南

---

① 蔡相炜：《台湾的王爷与妈祖》，台原出版社，1984年，第28页。

南安中宪第

安，置守冢，建祠祀之。"准其长孙郑克塽之请，下诏将郑氏灵柩从台湾迁葬至他的故乡南安，并许郑氏族人世代守冢。同时，为了消除郑氏在台湾的影响，清廷并不允许台湾民间设立祭祀郑成功的祠庙，二王庙被拆毁。直至清乾隆年间，台湾百姓仍私下重建二王庙。

（二）民间官方合祀

鸦片战争后，清朝内忧外患，形势严峻。同治十年（1871），清朝藩属国琉球国宫古岛上缴年贡的船队归途中遇台风漂流至台湾东南部，船上69人，3人溺死，54人被台湾高山族牡丹社杀害，仅12人生还回国，此事件被称为"牡丹社事件"。同治十三年（1874），日本借口谎称琉球为其属邦，出兵台湾，扫荡当地少数民族。福建船政钦差大臣沈葆桢来台处理善后问题，办理台湾海防，与日本侵略者进行交涉。在台期间，沈葆桢发现，郑成功在台备受崇敬，台湾人私下祭祀郑成功的现象蔚然成风。同时，他深深认识到，要巩固台湾，必须从思想上对人民进行忠义爱国教育，典祀郑成功便是最好的方式之一。

沈葆桢在奏折中陈明建祠目的："俾台民知忠义之大可为，虽胜国亦华衮之所，必及于励风俗、正人心之道，或有裨于万一。"《清史稿·沈葆桢传》亦指出：沈"为明遗臣郑成功请予谥建祠，以作台民忠义之气"。

台南开山王庙，其甫建成，便承载着不同于寻常建筑所有的意义蕴含。正如张其光撰写的楹联所云："生为遗臣，殁为正神，独有千古。"郑成功由人变"神"，其职能不断扩大，"厥后阴阳水旱之诊，时闻吁嗟祈祷之声，肸蠁所通，神应如答"，祭祀香火绵延不绝。至光绪元年（1875），奉旨将开山王庙改建为延平郡王祠并追谥，而此时民间私祀郑成功已 210 多年。

当时专门聘请福州名匠负责修建，包括正殿、外殿、后殿、监国祠、宁靖王祠等，皆十分庄严宏丽。清末诗人李振唐便有一首诗描写当时农历正月十六日举行延平郡王祭典的盛况："斑鸠声里叫春晴，绿水如环抱画城。闲步夕阳村上路，家家叠鼓赛延平。"

从此，私下祭祀郑成功不再是忌讳，所以后期民间也有公开用开台圣王庙、延平宫、国姓庙、国圣庙等名称。至清末，又新盖今新北市贡寮区的福安宫［光绪十五年（1889）］、今台中市新社区的郑王庙［光绪十六年（1890）］、今宜兰县五结乡的开山庙［光绪二十年（1894）］等 10 座郑成功庙，另外，建于清代而无准确年份的还有 15 座。

三、　抗战时期延平郡王信俗的发展

由于郑成功的母亲田川氏是日本人，日本殖民统治台湾时期，殖民当局为了逐步消灭汉文化的影响，将在台湾具有较大影响力的郑成功定位为日本"民族英雄"，将延平郡王祠改为"开山神社"，以推行"皇民化"运动，但历经 50 年的殖民统治，殖民当局仍无法改变台湾人对"开台圣王"的感念，延平郡王信俗

逐步形成，并没有因为日本殖民当局的政策而没落。

郑成功的民族精神和气节激励着台湾民众，他们采用各种方式反对日本对台湾的殖民统治，坚持民族气节，抵制日本殖民当局的"皇民化"运动。抗战胜利后，国民政府将"开山神社"改回延平郡王祠。

第二节　信俗的仪式

信俗的仪式，有个人行为与团体行为之分，百姓自发去庙宇祭祀属于个人行为；集体祭祀则属于团体行为。团体行为又分官方行为与非官方行为。官方行为主要为春秋祭祀及神诞日祭典，其仪式严谨，且庄严肃穆。进香、分香则为庙与庙之间的交流活动。活动举办之时也可以一窥民俗生活，政府官员、工人、农民、商人、演职人员全体出动，严肃之外，又具有浓浓的生活气息。非官方行为如社团组织举办的巡境、祭祀等。

一、祭祀活动

台湾当局每年 4 月 29 日有郑成功的官方祭祀活动。厦门和南安，每年农历五月初八，举行郑成功颂典仪式和延平郡王祠民间祭祀活动，并举办郑成功文化论坛，及海峡两岸"阵头"踩街活动，另外还有其他文化艺术活动。

1. 祭拜仪式

仪式依序为献香、献花、

赐食肉（摄于 2018 年郑成功文化节）

献灯、献水、献果、献帛，信众祭拜如仪。伴随着钟鸣鼓响，参祭人员身着传统服饰，从正殿缓行至广场，仪容端肃，队列严整。迎神、奏乐、入殿进香、恭读祭文，祭典全程遵照古礼进行，庄重而有序。祭祀结束后，按制度规定向参与者分发食物，曰"赐食肉"，不同地区根据时节不同，有分发绿豆汤、荔枝为食，亦有分发面线为食。

2. 巡境

巡境，俗称为游神，是信众在神诞日这天，将神像抬出寺庙环游一周后，重回寺庙的一种仪式。在拜谒进香前后，绕境巡游，可借助神灵的"灵气"为当地消灾祈福。巡境当日，信徒把神像请进神轿里，抬着神轿沿街巡游，沿途有舞狮、舞龙、踩高跷、电子花车、地方戏曲及乐队演奏等艺阵民俗表演。仪式其寓意神明降落民间，巡视乡里，保佑合境平安。

2017 年 1 月 5 日，福建南安市石井的郑成功神像从台湾巡

2017 年台湾郑成功文化节巡境（厦门郑成功研究会提供）

境结束返回大陆,至此,为期十天的南安石井郑成功神像首次赴
台巡境活动圆满落幕。巡游以"成功领航·万世盛安"为主题,
郑成功神像于 2016 年 12 月 27 日从石井起驾,经厦门乘船赴台
巡境,先后驻驾台南郑成功祖庙、云林五股四湖郑成功庙、云林
五股开台尊王炉主会、台中国圣宫开台圣王庙、宜兰礁溪国圣
庙、台北郑成功庙功德会、台北护国延平宫、台中大甲铁砧山国
姓庙、彰化郑成功庙等地,南安市高甲戏团也随团在驻驾会香的
庙宇上演《郑成功》,活动共历时 10 天。

南安石井郑成功神像到台湾巡境(李想文摄)

二、 开市祭祀

开市是中国的传统民俗,春节期间大小商家歇市,正月十六
当天百余信众齐聚一堂共祀郑成功,拜求国姓爷护佑新的一年
"鹏程万里好光景,光宗耀祖家业兴"。

在台湾,流传着这样的一句话:"事业要成功,先拜老祖宗,
再拜郑成功。"郑成功是闽商代表人物之一,亦是文武大财神,
在开市这一天祭拜郑成功祈求事业成功,财源广进。

延平郡王祠开市祭典现场之一（厦门郑成功研究会提供）

延平郡王祠开市祭典现场之二（厦门郑成功研究会提供）

三、建醮

醮之古义即为"祭",旧时道士设坛为亡魂祈祷,谓之建醮。明清之际,闽南汉族民众迁移至台湾,多沿旧俗,每逢地方遭逢灾变人心惶惶,即由士绅、耆老,谋为祈福,立愿祈神,谢愿酬神,故建醮大致以"酬答谢恩"为旨。

我国台湾新北市芦洲区,境内有九芎公庙与和德宫两座祭祀国姓爷郑成功的庙宇,而三年一醮的国姓醮祭祀仪式,即延平郡王祈安建醮,前后历时将近一个月,感念延平郡王保佑全境平安之恩,一则还愿谢恩,一则祈神求安。固定年月日备牲礼供品,诚心建醮叩谢,祈安建醮开灯、升篙旗,是全省独一无二的地方习俗,迄今已有两百多年的历史。

芦洲国姓醮的另一个特点,是连小孩子都可以模仿大人,随处竖立招引孤魂野鬼的灯篙,而不怕引来"好兄弟"作祟。

清道光十九年(1839),由芦洲长老卜卦得寅,己、申、亥之岁为三年建醮之期,自此每隔三年即为建醮年,以谢国姓爷恩。据传保生大帝(俗称"大道公")曾显圣芦洲,告之国姓醮之祭拜仪式,因此国姓醮时需恭请保生大帝。而此前国姓爷郑成功据传曾经在芦洲涌莲寺旧庙出坛,要求祭祀典礼需隆

新北市芦洲区竖灯篙 (谢文瑄摄)

重盛大。

　　台南新营延平郡王府成功庙，结合每年元宵节举办的"新营迓花灯"。在 2018 年农历正月初九，举行了"延平郡王府金箓禳荧庆成祈安三朝清醮"大典。

台南新营延平郡王府

台南新营延平郡王府三十年第一醮（厦门郑成功研究会提供）

四、三月十九 "太阳公生"

台湾台南保存许多郑氏史迹，以及相关的节令民俗传统，农历三月十九日"太阳公生"拜"九猪十六羊"则是台南特有习俗。农历三月十九日是太阳星君的生日，而崇祯皇帝亦是在农历三月十九日自缢煤山殉国，故而有追思之意。

每逢农历三月十九日午前，每家每户在家门口面朝日出方向设香案，置鲜花素果、六碗山珍海味与九猪十六羊的糕饼，燃香祷告祝颂日照大地、风调雨顺、五谷丰收。祭毕燃财帛（香纸）后即可将饼与家人分食。近年来由于社会发展，民俗传统多逐渐式微，此项习俗渐不为人知，现今台南市区仍有几间庙宇举办祭典，家庭祭拜已不多见，传统市场尚有几间饼铺每逢是日仍有制作"九猪十六羊"糕饼贩卖，多为绿豆糕、咸糕的口味。

"九猪十六羊"

2018 年 5 月 4 日，台南水仙宫市场摊商摆香案祭祀太阳公

第三节　郑氏家族的宗族崇拜

延平郡王信俗传承至今，有官方的推动作用，更有赖郑氏宗亲世代的香火奉祀，信俗传承群体亦以此为主。

一、郑姓源起

郑姓源自姬姓，郑国第一代君主郑桓公是其始祖。郑国被韩哀侯灭亡后，为纪念故国，国人改姓"郑"。自三国始设荥阳郡之后，有"天下郑姓出荥阳"或"荥阳郑氏遍天下"的说法，郑姓主要发源于今河南中部一带。以河南荥阳郡为中心，郑氏由北向南，纵横东西，不断繁衍迁徙。

二、郑成功家族世系

根据方有义先生编辑的《郑成功族谱：南安石井郑隐石一脉

总族谱》记载，郑氏先世世系为：郑隐石（一世）→郑隐泉（二世）→郑砥石（三世）→郑纯玉（四世）→郑井居（五世）→郑确斋（六世）→郑乐斋（七世）→郑于野（八世）→郑西庭（九世）→郑象庭（十世）→郑飞黄（十一世，讳芝龙）→郑大木（十二世，讳成功）。

郑成功世系为：郑成功（一世）→郑聪（二世）→郑克坦（三世）→郑衍（四世）→郑馥（五世）→郑邦瑞（六世）→郑六步（七世）→郑德玉（八世）→郑恩保（九世）→郑崇绪（十世）→郑舒譜（十一世）→郑力成（十二世）。

郑绵，字原永，号隐石。妻林氏。二子嵩、岱。

郑荣，字时荣，号于野。妻许氏。一子瑢。

郑瑢，字德重，号西庭。妻李氏、钟氏；继室吴氏、谭氏。二子士俦（钟出）、士表（谭出）。

郑士表，字毓程，号象庭。妻徐氏、黄氏。徐氏生芝龙、芝虎、芝麟（殇）、芝凤（后改名鸿逵），黄氏生芝豹。

郑芝龙（1604—1661），郑成功父亲，字曰甲，号飞黄，小名一官。妻陈氏，继妻日本田川氏，育二儿，长子郑成功，次子田川七左卫门过继给娘家。南明隆武二年（1646），郑芝龙降清后，其妻以剑切腹自杀身亡，殁年四十五岁。六子森（成功）、渡（世忠）、恩（世恩）、荫（世荫）、袭（世袭）、默（世默）。降清北上，携带五子投诚北京，仅成功留在福建。

郑鸿逵（1613—1657），原名郑芝凤，字曰渐，号羽公，郑芝龙四弟，郑成功叔父。明崇祯年间中武举人，曾任都指挥使、副总兵，被封为靖西伯。南明隆武元年（1645），封为定虏侯，晋封为定国公。曾倾力支持郑成功抗清，封靖西侯。南明永历五年（1651），郑成功主力军在广东征战，厦门防务松散，清军趁虚攻击厦门，郑鸿逵受威胁放走马得功，后交出兵权、自请退隐晋江东石镇白沙。后在金门去世，享年四十五岁。

郑芝豹，字日文，号若唐，郑芝龙的五弟，南明澄济伯。崇祯年间邑庠生，加例入国子监太学生，官水师副总兵。南明隆武政权建立，以军功，授左都督，封澄济伯。郑芝龙降清，郑芝豹与施天福守安平城。博洛进攻安平，郑芝豹仓皇出海。施琅降清，不自安。南明永历七年（1653）十二月，降清，后在宁古塔囚禁至死。

郑芝莞，号汉九。以军功钦命光禄大夫、上柱国、太子太保、锦衣卫堂上金书管事，赐坐蟒玉带、前军都督府左都督。长子省英封嘉议大夫，闽粤宣慰使，司农左侍郎。三子时英，赠明威将军。南明永历五年（1651），清军进攻厦门，郑芝莞未战先怯逃亡，致使清军轻松攻破厦门，并将郑家的积蓄、装备掠夺一空。郑成功怒斩其无防之罪。

郑成功（1624—1662），妻董酉姑，侧室庄、林、史、蔡、曾、蔡等；十子经、聪、明、睿（早卒）、智、宽、裕、温、柔、发（早卒）。温、柔、发为遗腹子。其中聪、明、智、裕、温、柔于南明永历三十七年（1683）随郑克塽归清，聪封三品官，余均为四品官。

郑广英、郑海英，两兄弟，南安石井人，是郑成功的堂亲，也是郑成功的部将。南明永历三年（1649）二月，兄弟在漳州与清军作战时，同日牺牲。明进士、通议大夫、兵部右侍郎、都察院左副御史王忠孝还为他们兄弟两人撰写了墓志铭。

郑省英、郑眕英、郑时英，三兄弟，南安石井人，与郑成功同系西亭房份，郑芝莞长子省英，次子眕英，三子时英。三兄弟为郑成功的部将，并一起东渡驱逐荷兰殖民者，收复宝岛台湾。郑省英官承天府尹、郑时英官屯田道兼理盐政、郑眕英官惠州盐政。

郑经（1642—1681），郑成功长子，娶陈永华之女为妻；终年四十岁，谥号文王。三子克臧、克塽、克壆。

郑克臧（1664—1681），据《台湾外志》载："经长子。当甲寅之变，经乘衅西渡，仍踞金、厦各岛；允陈永华请，令其在台监国。大有才能，刚正果断，见嫉诸叔。讪经死，冯锡范遂谮诸叔，以螟蛉说于董国太，共谋杀之。年十八，兵民叹息。"

郑克塽（1670—1707），郑克臧去世后，郑克塽继承爵位，嗣位两年，后来归降清廷，居住在北京直到去世。

三、 宗亲社团

加强同族宗亲之间的联系，除了修族谱，就是靠宗亲社团之间的活动联系，可共同唤醒家族的历史意识与家族荣耀。20世纪40年代后期，各地组织或恢复、改组成立一批宗亲团体。台湾有台北郑氏宗亲会、嘉义县郑氏宗亲会、彰化鹿港郑氏宗亲会、台南郑氏宗亲会、全台郑氏宗亲会、世界郑氏宗亲总会等，此外还有多个宗亲会、家族会。之后，祖国大陆有厦门郑氏宗亲会、南安石井郑氏宗亲会、漳浦郑氏宗亲会、温州郑氏宗亲会等成立。这些宗亲会以弘扬祖德，增进宗谊，团结互助，共谋福利为宗旨，为宗亲举办各项服务，致力社会公益与慈善事业。宗亲会在各地均建有宗祠，以示纪念。

第三章　延平郡王祠庙的分布

第一节　闽南的祠庙分布

在传统社会中，祠庙往往是集村社、家族、信众的力量共同建成，又经过一代又一代的修缮扩建，延续几百年乃至千年。祠庙作为信俗的承载体，在信俗的形成与发展中扮演着举足轻重的作用。如今闽台各地纪念郑成功的祠庙在原有的基础上，不断修缮、扩建，数量也在不断增加。

1. 厦门延平郡王祠

厦门延平郡王祠，位于厦门市思明区鸿山公园嘉兴寨南侧，紧邻嘉兴寨墙。建筑为一进三开正殿，两侧带护厝，即"一落三间张双边护"格局，正殿为郑成功祠堂，主祀一尊近 4 米高的郑成功塑像，左边为文官陈永华，右边为武官甘辉。两侧护厝陈列了郑成功家族谱系资料，郑成功父、子、孙的画像，以及郑成功本人传世诗作墨迹等文物。延平郡王祠占地面积 996 平方米，为典型的闽南风格建筑，雕梁画栋，精美气派。

厦门延平郡王祠原为荥阳郑氏宗祠，由于年久失修，旧祠已经失去了其原有的历史风貌。为进一步弘扬郑成功文化，思明区

厦门延平郡王祠

政府投资 500 万元，重建延平郡王祠。2009 年 5 月 18 日正式动工，海峡两岸人士共同为奠基石培土，建成后的延平郡王祠与保存完好的嘉兴寨遗址一起成为了厦门一个新的旅游景点。

厦门延平郡王祠管委会，于 2013 年 6 月成立，设在思明区鸿山公园延平郡王祠。自成立至今，配合承办每年一届的郑成功文化节，海峡两岸信众及郑氏后裔齐聚一堂，共同祭祀郑成功。延平郡王祠也是爱国主义教育基地，管委会经常组织活动，让更多的小朋友们认识、学习伟大的民族英雄郑成功的爱国主义精神，从小树立爱国爱家的伟大情怀。

2017 年 4 月底，厦门延平郡王祠的郑成功神像，赴台南郑成功祖庙供奉，参与民间会香活动。台南郑成功祖庙 4 月 29 日上午循例举行祭典，随后，由郑成功祖庙举办的"庆祝郑成功开台 356 周年踩街嘉年华会"也热闹登场，来自祖国大陆、马来西亚、日本平户市的各参访团、各祠庙代表、信徒和仪仗、"阵头"组成的队伍绵延两三公里。

厦门延平郡王祠主祀郑成功，左边陪祀文官陈永华，右边陪祀武官甘辉

2. 曾厝垵成功庙

曾厝垵成功庙位于厦门市思明区曾厝垵西路西边社山坡顶，单门，门楣挂"成功庙"匾。前有古榕一棵位于福德祠旁，气根丛生。成功庙内神座上中间供奉郑成功坐像，左边供奉郑氏三公（郑桓公、郑武公、郑庄公）。为了对称，右边亦安放郑成功立像。左右各置一盏红色喜气灯。

2011 年 8 月，厦门郑氏

曾厝垵成功庙（陈秋旺摄）

宗亲会成立，会馆设于曾厝垵郑金豹家宅处。2013年，宗亲会决议建"郑成功庙"，由会长郑希远出资，经三个月落成，于同年农历四月十九日（公历5月28日）子时请神像入庙安座，2016年又建成功庙三宝殿，并于同年农历腊月十三（公历1月22日）举行开光法会。至此，定于农历每月十三日举行祭祀典礼。因庙中仅一神像，如有出巡、绕境或会香时，庙中将无神像，故2017年再增祀镇殿国姓爷。农历七月十四日逢郑成功圣诞亦诵经祈福。成功庙每年元宵节都会举行"开市祭典"活动，当日有诵经祈福、拜天公及拜祖公等活动。

3. 南安延平郡王祠

南安延平郡王祠

南安石井镇，是郑成功故里。南安延平郡王祠，被台湾所有尊奉郑成功的庙宇及各地郑氏宗亲会视为郑氏祖祠的发源地。

清康熙三十八年（1699），郑成功父子的灵柩从台湾迁葬于故乡南安其祖先乐斋公墓园内，康熙亲书挽联一对、"忠臣"匾额一方，并下诏把原来被清廷毁掉的南安石井郑氏宗祠改建为延

南安延平郡王祠大殿

平郡王祠。

　　宗祠 1949 年毁于飞机轰炸，1987 年重修，现建筑面积 811 平方米，占地面积 2400 平方米。祠坐南朝北，背靠鳌石山，前临海，依中轴线，建筑自北而南依次为照墙、山门、天井、大殿。大殿为三间二进的砖木结构建筑，殿后阔深、进深各三间，系抬梁式木结构，硬山顶，燕尾脊。大殿中前梁悬有"忠臣"和"孝子"匾额各一方，中间有清同治元年（1860）的"三世王爵"的匾额，左作三行竖书："明封延平郡王郑成功，嗣延平郡王郑经，监国郑克臧。"后梁中悬 1913 年前福建都督许世英所题"威风雄烈"一匾。

　　墙柱上镌刻历朝题赞楹联，其中有康熙皇帝诏赐郑成功父子迁葬时所撰联一对："四镇多贰心，两岛屯师，敢向东南争半壁；诸王无寸土，一隅抗志，方知海外有孤忠。"

4. 郑成功庙

郑成功庙，又称开台圣王庙，与南安延平郡王祠相去数百米，距郑成功纪念馆数十米，占地面积 6000 多平方米。

该庙由石井当地宗亲和台北延平宫负责人王庆文牵头，由海内外信徒以及我国台湾多座延平宫分庙共同捐资建设。2004 年

郑成功庙

主殿竣工，主殿面宽五间，为硬山顶三重檐仿古建筑，雕梁画栋，巧夺天工，前有青石大龙柱八根，两旁及殿后则有十八支大石柱环绕。在郑成功庙左边有郑成功纪念馆和规模宏大的郑成功碑廊，三者组成了闽南独具一格的仿古建筑群。

第二节　台湾的祠庙分布

明末清初，大量移民从大陆前往台湾，寻求安身立命之所，开荒垦地。移民要横渡台湾海峡才能到达，天气顺则行程顺利，天气多变则命运多舛。历经千险，移民劫后余生，普遍建立庙宇，以祈求平安。这些庙宇遇到民众矛盾、事务需要调节时，发挥了重要作用。

郑成功祠庙约略分布于台湾全省，下文提及的几座祠庙，就是在台湾影响较大，且具有一定规模的郑成功祠庙。

1. 二王庙

二王庙位于武定里洲仔尾（今台南市永康区二王里），崇祀郑成功、郑经父子，其地恰为郑氏父子殁后墓地所在，惟遗址已无从寻觅。二王庙有联云："郑神秉孤忠，浩气磅礴留万古；府

台南永康二王庙（周芷茹提供）

名留正义，莫教胜败论英雄。二座奉明臣，神恩浩荡罩台岛；王衷怀汉族，庙貌堂皇镇永康。"

台南永康二王庙神像（周芷茹提供）

2. 台南延平郡王祠

延平郡王祠，又称开山王庙，位于台南市中西区开山路152号，系全台第一座纪念和祭祀郑成功的祠庙，在台湾各奉祀郑成功的祠庙中，以这座历史最为悠久、规模最大、祭祀典礼也最为隆重。每年农历正月十六日在此举办祭祀活动，慕名而来者众多，影响甚大。

南明永历十六年（1662），郑成功在台逝世。台湾人民为了纪念郑成功，建开山王庙。清乾隆时，在原来基础上扩建，道光二十五年（1845）重建。同治十三年（1874），福建船政钦差大臣沈葆桢巡视台湾时，看到台湾人民祭祀郑成功，以其守护台

台南延平郡王祠（厦门郑成功纪念馆提供）

湾，与其他大臣共同上疏建议朝廷赐谥建祠。光绪元年（1875），
清廷赐郑成功"忠节"谥号，将开山王庙改建为延平郡王祠。日
本殖民统治台湾时期，为拉拢同化台湾人，改为"开山神社"，
使日本人可一同祭祀郑成功，到1945年台湾光复后又改回延平
郡王祠，现有建筑为1963年动工改建。

台南延平郡王祠内景

现延平郡王祠为钢筋混凝土结构的宫殿建筑群，占地三万多平方米。大门临街，为红墙绿瓦的独立仿古建筑；主体建筑左侧为街边公园，屹立郑成功石像，建有"金门岛形"水池；右侧有郑成功文物馆，延平小店及庭院广场；广场中央伫立沈葆桢塑像。祠前有石碑坊一座，横额刻"忠肝义胆"四字，两边有浮雕对联一副，上联是"孤臣秉孤忠，五马奔江，留取汗青垂宇宙"，下联是"正人扶正义，七鲲拓土，莫将成败论英雄"，均系白崇禧将军于 1947 年所题。正殿崇祀延平

台南延平郡王祠内郑成功神像
（周芷茹提供）

郡王郑成功神像。后殿为三开间，中为太妃祠，奉祀郑成功生母田川氏神位。左间是宁靖王祠，奉祀宁靖王朱术桂和殉节的五妃神位；右间为监国祠，奉祀郑成功长孙郑克臧及监国夫人陈氏神位。东西两庑分别崇祀追随郑成功抗清、驱逐荷兰、治理台湾的文武诸臣 114 人。

郑成功文物馆有珍贵而丰富的历史文物，有光绪皇帝的圣旨木匾、沈葆桢建祠手书及各时期的题赞楹联。如今这里已经是一个热门的旅游景点，到访的游人络绎不绝。

2010 年，延平郡王祠（含郑成功文物馆）被列为台南市第九座历史建筑。

监国祠内郑克𡒉夫妇神位（周芷茹提供）

东西庑（周芷茹提供）

3. 台南郑成功祖庙

台南郑成功祖庙，位于台南市中西区忠义路二段 36 号，南明永历十七年（1663），由郑成功嗣子郑经建成，专祠祭祀郑成功，最初称"延平王庙"，又称先王庙，是台湾最早的郑成功庙。1985 年，被台南市政府定为"三级古迹"。

该庙为三开间三进的传统建筑，三川门内凹，经石阶、中庭，"昭格堂"匾额迎人入内，两壁有"移孝作忠"的墨书，正

台南郑成功祖庙（周芷茹提供）

台南郑成功祖庙内景（周芷茹提供）

门上方则高挂"揆咨岳佐"匾。正堂奉祀郑成功塑像，英姿焕发。清乾隆三十六年（1771）的"三圭世锡"匾额高悬祠内。

台南郑成功祖庙塑像（周芷茹提供）

祖庙每年配合延平郡王祠办理春祭，农历七月十四在祖庙办理秋祭，并于中秋节时恢复举办博饼活动、春节时办成功灯会，并且和各地庙宇合办郑成功相关活动，已是台湾研究及推广郑成功文化的主要基地，也是重要的旅游景点。

4. 台北护国延平宫

台北护国延平宫，奉祀主神为延平郡王郑成功。

原宫址坐落于台北市松山区滨江街，由于基隆河施工而迁来台北市内湖区内湖路三段348巷6号。正殿内供奉"镇殿三宝神像"，即开基神像、延平郡王戎装神像和福建石井延平郡王像。另外，镇宫之宝郑成功神像，采自一块七千公斤重的新疆和田青玉，特聘请祖国大陆知名玉匠精雕而成。

5. 花莲市延平王庙

花莲市延平王庙，又称复兴宫，位于花莲县花莲市国强里丰村72号，为花莲县内最早兴建的庙宇，被评定为"三级古迹"。

清咸丰元年（1851年），台北淡水人黄阿凤在台北一带招集16人出资，募佃2200余人前往拓垦，称"十六股庄"，为花莲最早开发的地方。

花莲市延平王庙（厦门郑成功纪念馆提供）

花莲市延平王庙延平王像（厦门郑成功纪念馆提供）

据说，为了安定垦众的心，黄阿凤在出发前还派人到台南府城，恭迎国姓爷圣像、令旗及香火随船庇佑。抵达之后，先建一草庙供奉国姓爷,这座草庙就是延平王庙的前身。

在宫庙一楼中殿主祀延平郡王郑成功,令旗为黑布缝缀白字,"咸丰元年"字样依稀可辨;庙内配祀五谷先帝、福德正神及先贤神位。

6. 台南安平开台天后宫

台南安平开台天后宫创建于南明永历二十二年(1668),1994年重修完工,供奉妈祖。正殿另有桌案,供奉郑成功神像及甘辉、万礼两位陪祀。宫中楹联道:"开岛历明中三百年余香烟鼎盛,台江驱日满万千劫后庙堂皇;崇圣母镇鲲身千古波平四海,佑郡王登鹿耳一时潮涨三篙。"在天后宫外墙上的石刻,也以郑成功史迹为主题。安平一带"做十六岁"成年礼,循例要拜妈祖和国姓爷,并登上安平古堡怀念郑成功,寓意步步高升、迈向成功之路。

7. 金门延平郡王祠

金门延平郡王祠位于金门县金城镇夏墅村后高岗西南郊,1968年完工,系仿古宫殿建筑。明末清初,延平郡王郑成功由

金门延平郡王祠(泉州郑成功研究会提供)

厦门转进金门，在金门岛上留下很多历史遗迹。祠址视野宽阔，为当年郑氏海上观兵之处。

8. 彰化郑成功庙

彰化郑成功庙，又称全台郑氏大宗祠，位于彰化市中山路二段 41 号，始建于 1938 年。2012 年，被彰化县政府定为彰化县历史建筑。

庙宇为中国传统合院式建筑，为三进式混凝土砖石木结构，南北纵轴对称，由前厅、东西厢房、正堂（大殿）、次房等组成，中间庭院、两侧走廊相连。

每年农历正月十六、八月十六，择假日举办祭奠活动，"2017 迈向成功之路——海峡两岸郑成功文化节"曾在此举办。

彰化郑成功庙（引自《闽台郑氏宗祠大观》）

9. 台北士林郑成功庙

台北士林郑成功庙，为现代建筑，位于台北市士林区外双溪鸡南山一隅，与台北"故宫博物院"遥遥相望，由台湾著名建筑师朱祖明设计，1992 年建成。

庙宇由山门、前殿、后殿独立建筑组成，总占地面积约4950 平方米。山门整体如长形堡垒，大门为三川门，悬挂"开台圣王成功庙"。三门入内为前殿，门额悬挂"郑成功庙"，是一

台北士林郑成功庙（引自《闽台郑氏宗祠大观》）

座礼堂式的现代建筑；正殿供奉一尊高约六米的纯铜郑成功坐像。后殿设为郑氏大宗祠，由地上两层、地下一层楼房组成，主厅内设祭祀神龛，供奉神主牌位。

10. 台南鹿耳门天后宫

台南鹿耳门天后宫除了主祀妈祖外，也在第一进左殿供奉国姓爷郑成功，神像宏伟庄严。两侧的墙壁有黑色大理石雕刻《郑成功登陆鹿耳门图》《荷兰军投降图》《鹿耳门古地图》等。庙方还广泛收集与郑成功相关的文物资料，设专室展出：一文一武两尊古老的郑成功神像，一艘郑成功船舰模型、郑军铜盔、古地图等。

第四章　延平郡王信俗在当代

第一节　概　述

延平郡王信俗已经流传三百多年，历经发展，其内容不断丰富，并随着闽南人的足迹散播至海内外各地。

随着当下社会对非物质文化遗产日益重视，作为非物质文化遗产的民间信仰本身所蕴含的独特文化资源与大环境下"文化搭台，经济唱戏"的经济发展手段一拍而合。闽南地区为著名的侨乡和台湾同胞主要祖籍地，民间信仰具有连接广大的台胞、海外侨胞，增加他们民族认同感和归属感的作用，在当下信俗的传承过程中，充分发挥了民间信仰的纽带作用，赋予了其新的历史意义，在吸引这部分人回乡祭神谒祖的同时亦促进了经济往来，加上一系列的文化政策的出台，使得民间信仰出现了繁荣的局面。

正是在各种因素的合力下，闽南地区的民间信仰蓬勃复兴，其首先表现在大量祠庙的重建、新建和扩建，如厦门延平郡王祠便进行了重建。地方性文化节和旅游节亦给民间信仰扩大了影响。以厦门市为例，各区基本有"一区一节"：思明区郑成功文化节，湖里区福德文化节，海沧区保生慈济文化节，同安区孔子文化节，翔安区香山文化节等。这些活动既弘扬当地优秀的传统文化，促进旅游业的发展，又促进了民间信仰习俗的规范管理。

如今的延平郡王信俗，亦在蓬勃复兴。随着当代社会发展，其原有的职能，被继承并扩大，从最初的感念郑成功之功绩发展到现在的祈福求平安，并上升到推动海峡两岸民心相通、促进祖国和平统一的层面。

在我国台湾，对郑成功文化遗产的保护与传承做得比较早，官方与民间都共同推动了郑成功文化的发展。延平郡王信俗民间活动中，各式争奇斗艳的艺阵，往往为祭典活动带来热闹的气氛，虽然每次绕境、进香等仪式的"主角"是神明，但吸引民众"看热闹"的焦点却往往是艺阵的表演，可以说，信俗活动为艺阵提供表演的机会，而艺阵表演亦提升信俗活动的观赏性，因此绕境、进香等不仅是民间宗教活动，同时也是民间文化技艺的展现。

第二节　延平郡王信俗的当代传承

每年春秋二祭，郑成功生辰、逝世纪念日，及郑成功建立思明州的日子，官方或民间都会有组织地祭祀郑成功，各地的郑氏宗亲及信众前来一同祭拜。祭典是延平郡王信俗的重要组成部分，也是联系海峡两岸信众的文化纽带。

各地的郑成功文化活动，不少由单纯性的祭祀活动，扩大并提升为成规模的文化节，现已是延平郡王信俗传承的重要方式之一，形成了一个鲜活持久的文化品牌，不断扩大着影响力。

纵观各地，相关文化活动特点鲜明，内容丰富。一是注重民间信俗，举行郑成功颂典仪式和延平郡王祠民间祭祀活动。二是加强闽台民间学术交流，举办郑成功文化论坛，邀请海峡两岸专家学者，

"阵头"踩街（夏守川摄）

从民俗、语言、经贸等不同角度进一步讨论闽台源远流长的关系。三是展现海峡两岸民俗文艺风采，邀请海峡两岸民俗文艺团体参加表演，以踩街形式展现"阵头"文化。四是拓展郑成功文化内涵，组织海峡两岸中小学生手抄报、征文、绘画、演讲比赛活动，带动更多市民、群众关注、参与文化节，使文化节成为群众共同参与的节日。五是文化与旅游相结合，开展博饼文化活动，在游客集中的主要景区增设博饼活动，扩大文化节影响与参与面。

郑成功文化节，活动内涵不断丰富，参与对象不断扩大，在海峡两岸民间的热度正在逐年上升，这有利于大力弘扬郑成功文化的精髓，传承郑成功反抗外来侵略的爱国主义精神，宣传其收复台湾，传播中华文化的伟大功绩；亦促进海峡两岸民间在信仰、学术、文艺、经贸等领域的合作与交流，构建海峡两岸交流合作的新渠道、新平台，促进海峡两岸共同发展。

一、 郑成功文化活动在厦门

从 2009 年至今，于每年的农历五月初八（郑成功逝世的日子），在厦门思明区举行郑成功颂典仪式和延平郡王祠民间祭祀活动，还举办郑成功文化论坛、海峡两岸"阵头"踩街活动等。从 2013 年开始，海峡两岸轮流举办郑成功文化节，至 2019 年已连续举办 11 届。文化节以展现闽南文化风貌、共叙海峡两岸共同的历史记忆为主题，更好地让台湾民众了解海峡两岸共同的文化脉络，为海峡两岸信众提供了交流的渠道，构建了闽台交流合作的新平台。

1. 第一届郑成功文化节

2009 年 5 月 17 日，由思明区政府、原厦门市文化局联合举办的第一届郑成功文化节开幕，其主题是"成功在思明"，为期 3 天的"郑成功文化之旅"让海峡两岸的民众充分领略了闽台的深厚历史渊源和英雄的魅力。

延平郡王颂典祭拜仪式

5月17日上午11时，来自台湾各地的郑姓宗亲与大陆各界人士近千人，共同聚集厦门市思明区鼓浪屿皓月园，于郑成功雕像前举行颂典，献香茗、焚祭文、九鞠躬，共祭海峡两岸人民敬仰的民族英雄郑成功。17日下午4点，思明区还在第一码头至海军码头之间的鹭江道上举行了闽南民俗文化踩街，厦门的民间艺人献上极具闽南特色的"贡球""车鼓弄""踩高跷""蜈蚣阁""拍胸舞"等表演，这些表演诙谐逗趣，具有浓郁的闽南生活气息；何厝社区的"宋江阵"表演，展示了闽南沿海居民尚武强身，抵御外敌的传统；来自台湾的艺术团体则表演了颇有气势的郑成功士兵阵，再现了郑成功操兵演武、收复台湾的英雄故事；此外，台湾的庙口"阵头"表演也让人叫绝。节目丰富、气氛热闹的踩街活动让厦门市民充分感受到闽台民俗艺术的无穷魅力。

18至19日，思明区政协还举办了郑成功文化论坛，来自海峡两岸及海外的50多名专家学者，齐聚论坛，共同缅怀郑成功的历史功绩，探讨未来的郑成功文化传承工作。

2. 第二届郑成功文化节

2010年6月20日，第二届郑成功文化节以"携手成功"为主题在厦门成功开幕，意在借助文化节对台交流的平台作用，大力弘扬郑成功文化精髓，推动海峡两岸在文化、民俗、经贸、旅游、教育等方面的交流与沟通，把郑成功文化节打造成一张独具思明特色的旅游文化品牌，以文化节为点，带动思明区经济全面发展。

本次活动的主要内容有三个。一是举行延平郡王祠迁建落成典礼仪式及民间祭祀活动。自2009年5月首届郑成功文化节期间举行奠基仪式后，经过一年的建设，延平郡王祠已告落成。落成典礼后举办郑成功民间祭祀活动，亦有台湾同胞特别是郑氏后裔前来祭拜。二是举办以"郑成功海洋文化研讨"为主题的郑成

第二届郑成功文化节"阵头"踩街之藤牌军表演

功文化论坛，参加对象主要是大陆、台湾地区及海外研究郑成功的文化学者，邀请海峡两岸学者就同一主题从不同角度切入、进一步研究郑成功文化的精髓，丰富郑成功文化的内涵。三是举行闽台民俗"阵头"踩街活动，共有 13 支来自海峡两岸的民俗"阵头"，以不同表演形式从鹭江道旅游客运码头出发踩街，到海军码头结束，全长约 1.2 公里，时间约 120 分钟。

3. 第三届郑成功文化节

2011 年 6 月 11 日，第三届郑成功文化节开幕式暨颂典仪式在厦门延平郡王祠举行。由大陆和台湾各派出一名主祭人，连同六名陪祭人、二十名同祭人，遵循古礼进行献祝文、献香花、献鲜果、献香茗、献乐舞、献颂歌等环节，海峡两岸千人同祭郑成功。同期还举行闽台民俗"阵头"踩街活动，海峡两岸的郑成功藤牌军阵、旱船、贡球等精彩表演，展现闽台文化悠久历史和丰富内涵。海峡两岸专家学者汇聚一堂，参加郑成功文化论坛，探讨挖掘郑成功文化的精髓和内涵。整个活动期间有 3 万多人参与，来自海峡两岸各行各业，除了大陆方面的代表外，还包括台湾中南部政界人士和全台湾50多座延平郡王祠的代表，台湾各地郑氏宗亲和信众代表，文化观光协会等民间团体以及台湾高校的专家学者等。文化节还受到国际友好城市的关注，郑成功出生地日本平户市市长专门致信祝贺并委派人员参加，厦门友好城市日本长崎县佐世保市委派观光协会代表参加。

4. 第四届郑成功文化节

2012年恰逢郑成功收复台湾350周年，第四届郑成功文化节于6月15日至18日举办。本届郑成功文化节首次提升至由文化部、国台办为指导单位，厦门市人民政府主办，并成为文化部、国台办重点规划对台交流项目和海峡论坛的一项重要配套活动，在拓展内涵、提升水平、扩大影响、深化交流等方面有创新、有突破、有实效。

一是上千人参加开幕式。纪念郑成功收复台湾350周年大会暨第四届郑成功文化节开幕式于6月16日上午在厦门市人民会堂举行。全国政协领导，文化部、国台办等国家部委领导，厦门市各界人士与台湾知名人士、海峡两岸专家学者、书法家代表共计1000多人参加。省台办还安排100多名台湾嘉宾出席。

二是五百人同祭郑成功。16日上午10：50，在鸿山公园延平郡王祠广场举行郑成功颂典仪式。海峡两岸郑成功文化研究学者以及台湾地区各延平郡王祠和郑氏宗亲会等人员、思明区友好城区代表参与颂典仪式，总人数约500人。

三是海峡两岸书画家挥毫泼墨。16日下午3：00在厦门市美术馆，来自海峡两岸的150幅优秀作品向公众展示；30名海峡两岸书画名家现场挥毫泼墨。

四是海峡两岸学者共议成功论坛。16日下午3：00在中华儿女美术馆举办成功论坛，主题为"沙坡尾——厦门的记忆"，海峡两岸 8 位主讲嘉宾共同探讨如何结合文化遗产、老城区历史风貌的保护与开发，促进文化与旅游的融合，带动文化产业的发展。

五是海峡两岸艺术家演绎《蝴蝶之恋》。15 日及 16 日晚在思明区群众文化艺术活动中心上演《蝴蝶之恋》，描写厦门歌仔戏小旦演员云中青和台湾小生演员雨秋霖同演《梁山伯与祝英台》而相爱，在婚礼即将举办之时，海峡两岸分隔，秋霖再难回来。两人苦苦相思，坚守"生死不变""永不分离"的诺言，38年后再次相见，已是白发翁妪。现实人物与戏中人物对应、叠加，戏中戏，海峡情，让观众直呼不虚此行。

5. 第五届郑成功文化节

2013 年，第五届郑成功文化节升格为海峡两岸联办，在以台南为主会场的海峡两岸郑成功文化节举办期间，厦门思明延平郡王祠郑成功神像出巡台湾，引发海峡两岸民众的热烈反响。6月 14 日第五届郑成功文化节在台湾台南市开幕。6 月 15 日上午，台南市旧城区举行郑成功神像绕境巡游活动。为了参加此次巡游，厦门市延平郡王祠管委会专门请厦门知名雕刻家许国胜创作了一尊香檀木郑成功神像，巡游结束后，神像安放在厦门延平郡王祠，供海峡两岸信众祭祀瞻仰。

同时，为了配合此次活动，15 日上午 10 时，在厦门市思明区鸿山公园延平郡王祠广场，除组织民间传统祭祀活动外，还举行延平郡王祠管委会、思明区民间信仰活动场所联系点揭牌仪式；与此同时，台南市郑成功庙与厦门市延平郡王祠管委会签订了海峡两岸延平郡王祠管委会交流协议；台南市文化协会与厦门市思明区群众文化协会签订文化流协议。签约各方将在海峡两岸文化资源、文化产业、文化品牌、文化人才、文化交流等方面加强合作，共建文化发展新路径，共谱文化创新乐章。

本届文化节的主会场设在台南，同期在厦门举行相关的文化活动。文化节活动精彩纷呈，包括台湾郑成功庙建成350周年大典、郑成功文化节民间祭祀活动及延平郡王祠管委会揭牌仪式、巡礼活动等常规活动，也增加了厦门市思明区旅游推介会、思明区非物质文化遗产展、情忆丹青——闽台书画文物展等内容。

6. 第六届郑成功文化节

从2014年开始，郑成功文化节扩大为厦门思明、泉州南安、台湾台南三地联办、轮流主办。当年6月23日，第六届郑成功文化节以"中国梦两岸情"为主题在厦门市思明区中山路步行街开幕，共有闽台民俗"阵头"踩街、延平郡王海峡两岸共祭颂典，大型舞剧《鼓神》专场文艺演出和首届海峡两岸少儿闽南语讲古电视大赛等活动，参加活动的嘉宾人数也创下历年之最，台湾方面更是派出了一个450多人的代表团参加此次活动。本届文化节突显了其民间性，活动的组织参与主体全部为民间组织。

7. 第七届郑成功文化节

2015年6月20日，第七届郑成功文化节在台湾新北市金山区承天宫热闹开幕，本届郑成功文化节由台南市文化协会、厦门市延平郡王祠管委会、厦门市思明区群众文化协会主办，新北市澳底庆安宫、新北市金山承天宫承办。厦门市思明区延平郡王祠的120名信众拱卫着两尊延平郡王神像，抵台共襄盛举。活动现场神像汇聚，呈现出欢乐和谐的氛围。

此届活动主场设在新北市，厦门思明延平郡王祠的两尊延平郡王神像赴台出巡。神像启航出发前，在思明区沙坡尾的朝宗宫举行了盛大的启航仪式，由延平郡王向天后妈祖请旨赴台，再现历史习俗，意在保佑海峡两岸和平、民众幸福安康。相传300多年前，郑成功从厦门思明发兵攻打荷兰殖民者前夕，特恭请妈祖神像安置在战船内，并选在妈祖诞生日（农历三月廿三）出发。当天郑成功率所部两万人，大小战船数百艘，在祭祀妈祖之后，

誓师东征，大破荷兰殖民者，一举收复台湾，书写了驱逐外敌、保卫山河的丰功伟绩。

6月21日，厦门思明的两尊延平郡王神像出席了沉寂多年的新北市金山区至贡寮区的海上出巡仪式，当地共有17间庙宇30余顶神轿参与。

8.第八届郑成功文化节

2016年6月22日至24日，第八届郑成功文化节以"成功海丝航渡台湾"为主题，突显海上丝绸之路的航海文化亮点，在厦门思明区举行。活动由厦门市思明区政府主办，厦门市延平郡王祠管委会、厦门市思明区群众文化协会、全台祭祀开台圣王延平郡王郑成功联合会承办，台南郑成功祖庙、安平文教基金会、台南市文化协会参与协办。除了开幕式暨郑成功颂典祀宴礼，还包括海峡两岸青年文创交流暨文创作品展示会、郑成功海商航路文化展、厦门市郑成功史迹之旅、厦门市艺术表演团队戏剧演出、海峡两岸成功文化公益市集等丰富多彩的活动。

9.第九届郑成功文化节

2017年6月23日，由厦门市思明区群众文化协会、厦门市延平郡王祠管委会与台湾彰化郑成功庙联合举办的"2017迈向成功之路——海峡两岸郑成功文化节"，在台湾彰化开幕，期间有迎宾绕境、联合祭典、郑成功及海丝文创商品展示会、思明区文化及旅游推介展示活动、传统艺术歌舞演出等活动。

6月23日下午，海峡两岸信众从台南郑成功祖庙出发，护送厦门延平郡王祠郑成功神像至彰化，并绕境彰化市区，期间花车游行、"阵头"表演热闹非凡，彰化市多座祠庙参与绕境，总路程近50公里。

2017年选择在彰化郑成功庙举办，是因为台湾中部乃延平郡王信俗主要地区。主办方借此活动促进对郑成功文化的认同与理解，增进海峡两岸民众的互动，扩大各方面的交流。本届也突破以往的活动内容，重点在邀请各庙至彰化共同会香，共有各地十余间庙宇信徒 400 多人，以及厦门延平郡王祠与思明区群众文化协会共组交流团的 75 人共同纪念郑成功。本届活动，厦门市思明区群众文化协会为当地居民带来高甲戏、答嘴鼓、乐器演奏、歌曲演唱等精彩节目，传递了浓浓的乡音乡情。

10. 第十届郑成功文化节

2018 年 6 月 22 日至 24 日，海峡两岸郑成功文化节在思明区成功举办，本届活动由厦门市思明区人民政府主办，思明区文化体育出版局、厦门延平郡王祠管委会、思明区群众文化协会、台南市文化协会承办。

第十届郑成功文化节开幕式（厦门郑成功研究会提供）

第十届郑成功文化节活动一览表

时　间	内　容	地　点
6月22日15:30—16:50	"三门"妈祖庙对接活动	朝宗宫
6月23日9:00—9:40	郑成功文化节开幕式暨郑成功颂典祀宴礼	鸿山公园、延平郡王祠广场
6月23日10:05—10:15	百米长卷颂成功	新领荟广场
6月23日10:20—11:10	"两岸艺阵斗阵行"展演	新领荟广场
6月22日15:00—20:00	台青文创市集	新领荟广场
6月23日10:00—20:00		
6月24日15:00—20:00		
6月23日16:00—17:00	"寻根·追忆"海峡两岸少年讲古展演	新领荟广场
6月23日下午	参观台青创基地	龙山文创园—北京大学台湾创业基地
6月23日19:30—21:00	2018年郑成功文化节专场文艺演出	厦门歌舞剧院
6月24日	海峡两岸寻根文化印记活动	上午：鼓浪屿之旅下午：寻根之旅

二、 郑成功文化活动在南平

福建省南平市延平区，古属延平府南平县。南明隆武二年（1646），郑成功随南明隆武帝在以延平为中心的闽江流域领兵，被封忠孝伯和招讨大将军，提出著名的战略主张"延平条陈"，郑成功操练水师，领兵作战，初展才华，在此奠定了其事业发展的基础。后南明隆武帝封他为延平公，南明永历帝封他为延平王，可见延平是郑成功军政生涯的起始地、延平王的封号地、驱荷复台的策源地。

2008年7月24日起，由福建省闽台交流协会、海峡两岸民间团体共同举办的"2008成功之旅活动"，在福建泉州、南平和台湾台南市、金门县逐步展开。四地的活动，循着郑成功的军旅足迹，从郑成功登陆台湾的台南市起航经金门，27日抵达郑成功军政生涯起点地——南平市延平区，并在南平市举办以"郑成功晋封延平王350周年"为主题的系列活动，为期两天，这是海峡两岸首次共同举办同一主题的郑成功纪念活动，意义深远。

2016年8月14日，郑成功提出"延平条陈"370周年研讨会暨纪念郑成功晋封"延平王"358周年祭典活动在延平举行。来自闽南、闽北以及台湾等地区有关文化社团负责人、学者100多人参加。祭典纪念活动后，与会人员就"延平条陈"提出的历史、海权意识、当代意义等内容展开广泛的研讨。

2017年4月16日，南平纪念郑成功收复台湾355周年启动仪式在福建南平延平区常坑荥阳堂拉开序幕。福建、台湾地区嘉宾及郑氏海内外宗亲150多人出席活动。18日至30日，南平延平王神像在台湾"铁马护驾"下环台巡游绕境1168公里。从宜兰、新北、台北、桃园、苗栗、台中、彰化……最后到花莲。台湾60多座郑成功神像共同相聚在花莲，参加纪念郑成功收复台湾355周年暨2017年春祭郑成功盛典。武夷学院教授陈利华对此表示："郑成功是海内外炎黄子孙共同的民族英雄，成功文化是南台交流的重要平台。南平延平区的郑成功神像重走成功之路，跨海到台湾，与台湾各地数十座郑成功神像共同环台巡境，是2017年海峡两岸纪念郑成功驱荷复台355周年的亮点，史无前例，意义重大。"

2018年，海峡论坛迎来第10个年头，6月13日，作为海峡论坛的重要组成部分——由南平市人民政府主办的第十届海峡论坛南平分会场·纪念郑成功晋封延平王360周年系列活动在延平区开幕。

南平纪念郑成功晋封延平王360周年活动现场之一（厦门郑成功研究会提供）

南平纪念郑成功晋封延平王360周年活动现场之二（厦门郑成功研究会提供）

南平纪念郑成功晋封延平王 360 周年活动现场之三（厦门郑成功研究会提供）

三、 郑成功文化活动在南安

泉州南安作为郑成功祖籍地，拥有众多与郑成功有关的文物古迹，南安市始终秉承以郑成功文化为主题，以经济、文教、艺术、旅游为重点，积极开展对台双向交流。

2010 年 9 月 6 日至 8 日，由福建省旅游局、泉州市人民政府主办，南安市人民政府承办的首届泉州·南安郑成功文化旅游节在南安市隆重举行，活动以"成功故里情，两岸一家亲"为主题开展系列活动，包括郑成功学术研讨会、郑成功民俗文化活动、郑成功文化主题公园奠基仪式、弘扬郑成功精神诗词创作比赛、纪念郑成功书画展、南安市旅游推介会、特色文艺演出及成功故里游等活动。

2012 年 6 月 17 日至 19 日，在南安市举行了纪念郑成功开台350 周年暨第二届郑成功文化旅游节活动，石井郑成功神像巡台

南安延平郡王祠祠内香炉

亦圆满结束返回故里。本届纪念活动形式多样，内涵丰富，盛况空前，包括纪念大会、郑成功陵墓拜谒活动、"英雄故里成功颂"主题文艺演出、"郑成功杯"国际篮球邀请赛、郑成功学术研讨会、"成功故里——中国南安"旅游风光摄影大赛颁奖暨作品展揭彩仪式、"雄风颂"——纪念郑成功复台350周年书画艺术展、郑成功文化中心开馆仪式、民俗活动、成功故里游等10项活动。

　　2014年6月19日至21日，以"两岸一家亲、共叙成功情"为主题的纪念郑成功诞辰390周年暨第三届南安·国际郑成功文化节在南安成功举办。来自我国台湾、香港地区以及海外日本、新加坡、马来西亚、印度尼西亚等地区和国家的 700 多位嘉宾、信众、商会代表及各界人士参加了本届活动。6 月 20 日，海内外信众、各界人士前往位于南安市水头镇的郑成功陵园，进行拜谒，并祈盼海峡两岸和平共进。活动期间，还举行了国际郑成功文化交流协会成立大会、海峡两岸"阵头"大踩街、郑成功祖庙进香、第一届海峡两岸少儿闽南语讲古电视大赛等多项活动。6 月 20 日，成立了非营利、联合性民间文化社团组织——南安国际郑成功文化交流协会，并吸引了我国台湾、香港、澳门等地区以及海外日本、新加坡、马来西亚等地区和国家各郑成功祠庙社团知名人士、专家学者加入。协会开展各项联谊活动，开展慈善公益、团结互助活动，创办文化交流协会会刊、会报和网站，为郑成功文化事业进行推广和宣传，不断提高郑成功文化品位，弘扬郑成功爱国主义精神，共同促进海峡两岸及全世界的文化交流与发展。

2016 年 6 月 11 日至 13 日，第四届南安郑成功文化节在南安市举行，本届活动作为第八届海峡论坛的同期举办项目之一，以"相约海丝起点，共叙成功情缘"为主题，吸引了海峡两岸民众及海外社团共 550 多人参与。除了拜谒和进香活动外，本届郑成功文化节还举办了大型高甲戏《郑成功》演出、郑成功文化论坛、旅游推介会、海峡两岸社区农渔业交流合作发展论坛、成功故里游、少儿闽南语讲古电视大赛等多项活动。

2018 年 6 月 20 日至 22 日，以"共叙成功缘·同筑中国梦"为主题的第五届南安·国际郑成功文化节在南安举行，来自海内外 600 多名嘉宾出席盛会，共同祭拜郑成功，纪念郑成功逝世356 周年。

本届活动包括开幕式、南安市"郑成功故里""福建省对台交流基地"授牌仪式、《郑成功》南音表演、郑成功陵园拜谒活

动、郑成功主题海峡两岸少儿书法交流暨闽南语说故事比赛、郑
成功庙民间信仰活动场所揭牌仪式、郑成功庙祭祀大典、深化泉
台人才交流专项行动系列活动、国际郑成功文化交流协会理事大
会、成功故里游等。

第五届南安·国际郑成功文化节开幕式现场（厦门郑成功研究会提供）

第五届南安·国际郑成功文化节之郑成功陵园拜谒现场（厦门郑成功研究会提供）

四、 郑成功文化活动在台南

台湾台南市从 2004 年开始举办郑成功文化节，每年一届，延续至今，意在以举办节庆活动的方式，增进市民认识郑成功的功绩，宣扬台南市文化资源保存成果，提升城市文化价值，同时促进观光旅游发展。

初期由台南市政府通过民间团体指派代表至各地相关单位拜访，邀请对方组团至台南市参加郑成功文化节。

2004 年台南郑成功文化节祭典现场之一（周芷茹提供）

2004 年台南郑成功文化节祭典现场之二（周芷茹提供）

2004 年 7 月，福建泉州市郑成功学术研究会组团至台南参访，同月台南市政府亦组团参加日本平户郑成功祭典，自此之后，泉州、台南、平户三地密切互访。

2005 年 4 月，由台南市政府文化局组团至福建拜访厦门大学台湾研究院、厦门市郑成功纪念馆、泉州海外交通史博物馆、泉州市郑成功学术研究会、南安市郑成功纪念馆，以商讨未来举办郑成功文化节各项文化交流活动的事宜。2005 年 7 月，台南市政府再度组团参加日本平户郑成功祭典，同时拜访平户市松浦史料博物馆。这两次访问奠定台南市与上述这些团体共同举办文化活动的合作基础。

2005 年台南郑成功文化节祭典现场（周芷茹提供）

2007 年在台南市政府的策划下，结合厦门郑成功纪念馆、日本平户松浦史料博物馆、奇美博物馆各方提供的 202 件展品，于台南市郑成功文物馆举办"婆娑之眼——国姓爷足迹文物特展"，开启以郑成功为主题的合作办展模式。

2008 年台南与漳州、泉州、厦门等地各文化团体共同举办"闽南民间艺术展"，内容有郑氏时期的建筑模型、文献、史料、年表、器皿、图画以及漳州、泉州的文史艺术品等，并由专人导览解说。

2009 年举办的郑成功文化节"成功领航"系列活动，系与泉州海外交通史博物馆、龙泉刀剑兵器博物馆以及奇美博物馆、台湾武艺文化研究协会等单位共同合作，扩大展出郑氏家族称霸海上的时代中相关的船舶模型、刀剑兵器。泉州海外交通史博物馆特别提供 22 艘该馆珍藏船舶模型复制品来台一同共襄盛举，包括中军船、水艇船、崇明沙船、泉州商船、四百料、广东船、厦门船等。

为扩大举办郑成功文化节，在 2011 年，台南市为推广"台湾船"的文化，吸收往年的成果与经验，继续与泉州海外交通史博物馆、日本平户松浦史料博物馆合作办展，以 17 世纪的台湾海洋社会及船舶文物为主题，举办"成功启航——十七世纪船舶文物特展"。

《成功启航——2011 郑成功文化节活动成果专辑》书影

2013 年 6 月 14 日，郑成功祖庙举行建成 350 周年大典，厦门郑氏宗亲、信众等 168 人从厦门包机直飞台南参加典礼，厦门市也在同期举办一系列郑成功文化节的民间祭祀活动。在郑成功祖庙建成 350 周年大典上，厦门市思明区向祖庙赠送了一幅厦门著名国画家林生创作的、以鸿山延平郡王祠全景为题材的卷轴画。

2017年海峡两岸郑成功文化节现场（厦门郑成功研究会提供）

五、 有关郑成功的学术研究活动

1. 厦门

1962年，为纪念郑成功收复台湾300周年，厦门特举办全国性的郑成功研究讨论会，由时任厦门大学历史系主任的傅衣凌教授主持，会后编辑《郑成功研究论文集》，于1965年由上海人民出版社出版。

1982年7月26日至8月1日，福建省郑成功研究学术讨论会在厦门大学举行，仍由傅衣凌教授主持。会上，一百多名中外学者就郑成功收复台湾和郑成功的抗清活动等问题展开了热烈的争论，会后出版了《郑成功研究论文选（续集）》《郑成功研究论丛》与《台湾郑成功研究论文选》。

1987年7月19日至22日，厦门大学台湾研究所与厦门台湾学会联合举办郑成功研究国际学术会议，美国、荷兰、日本等国众多学者出席参加，并出版《郑成功研究国际学术会议论文集》。

厦门市郑成功研究会成立于 1986 年 8 月，是祖国大陆第一家由从事郑成功研究和热心郑成功文化传播的专家学者、企事业单位和个人自愿结成的具有法人资格的学术性、地方性、非营利性的社会组织。

郑成功研究会成立以来，在厦门市社会科学界联合会、厦门市民政局民间组织管理局的支持领导下开展工作。研究会团结和联络了一大批专家学者和热心人士，充分发挥自身的优势，积极开展郑成功研究和海峡两岸文化交流，发表出版了一系列论文与专著，取得了丰硕的学术成果。2002 年 4 月 17 日至 19 日，由福建省社会科学界联合会、厦门市社会科学界联合会、台湾民主自治同盟厦门市委员会、厦门大学台湾研究中心联办，厦门市郑成功研究会等单位承办的纪念郑成功驱荷复台 340 周年学术研讨会在厦门举行，共收到来自海峡两岸及海外美国、荷兰等三十余名专家学者近五十篇论文。会后，由杨国桢主编的《长共海涛论延平——纪念郑成功驱荷复台 340 周年学术研讨会论文集》于 2003 年由上海古籍出版社出版，该书立足"郑成功驱荷复台"，收录的论文围绕在郑成功研究领域内提出的新课题进行讨论，特别探讨了郑成功与海洋的关系。

该会并与厦门市延平郡王祠、郑成功纪念馆等爱国主义教育基地密切协作，先后参与"海峡两岸郑成功文化节"和历届的"社会科学普及宣传周"活动，为弘扬郑成功文化、宣传爱国主义精神做出了贡献。

2. 南平

2012 年 9 月 14 日，为纪念郑成功收复台湾 350 周年，促进闽台成功文化交流的进一步发展，由福建省社会科学界联合会主办，南平市社科联、南平市郑成功研究会共同承办的"郑成功闽北军政生涯与闽台成功文化交流"学术年会在南平隆重举行。来自福建各高等院校、民间社团和新闻、科研机构的专家学者共80余人参加了这一大会。会议共收到相关论文18篇，散文、诗词、民间故事等作品近10篇，书法作品2幅，就郑成功与延平（今南平）、郑成功与闽台文化交流、郑成功与延平条陈、延平条陈与郑成功收复台湾、郑成功文化研究等相关问题阐述了各自见解。

第三节　郑成功相关史迹及现代纪念建筑

文物是文化遗产的重要组成部分，蕴含着中华民族特有的精神价值、思维方式、想象力，体现着中华民族的生命力和创造力。保护和利用好文物，对于继承和发扬民族优秀传统文化，增进民族团结和维护国家统一，增强民族自信心和凝聚力，促进社会主义精神文明建设，都具有重要而深远的意义。

郑成功的一生并不长，但在福建、广东、浙江、台湾留下的史迹丰富多彩，今人也建造了许多现代纪念建筑，如纪念馆、雕塑、诗刻等，这些值得我们细细品味，从中可感受英雄人物金戈铁马、百折不挠的人生轨迹。下文选取郑成功生活、作战时间长的泉州、厦门、台湾等地相关史迹及现代纪念建筑展开介绍。

一、　史迹

（一）泉州

泉州市是郑成功的祖籍地，郑成功自七岁时从日本回国后，就生活在今泉州晋江安海镇。从南京求学后，也是返回安海。22岁时，有感于山河破碎，郑成功毅然在南安文庙前立誓抗清；次年率军围攻泉州，开始其辉煌的军事生涯。泉州主要郑成功相关史迹有南安延平郡王祠、国姓井、星塔读书处、成功楼、白沙古战场、"海上视师"遗址、城寨门、郑成功焚青衣处遗址等史迹，形成了郑成功故里文化旅游区。

1. 郑成功焚青衣处遗址

郑成功焚青衣处遗址位于泉州市丰泽区北峰镇招贤村，原南安文庙东侧前方，与魁星阁相邻。

郑成功焚青衣处遗址（曾雅各摄）

南明隆武二年（1646）十一月，郑芝龙被挟北上。十一月三十日，清军袭击晋江安平，郑成功生母田川氏自杀身亡。郑成功得知母亲殉难悲愤不已，杀回安平。

郑成功殓葬田川氏后，收整城池，择日起兵誓师，携洪旭、陈辉、张进、万年英等部将，齐聚南安孔庙。郑成功在孔子像前，双手捧着儒中青衣，叩首四拜，随后将之投入熊熊烈火之中，化为灰烬，并仰天曰："昔为孺子，今为孤臣，向背去留，各有作用，谨谢儒服，惟先师昭鉴！"这标志着儒生身份的郑成功投笔从戎，从此走上抗清道路。

后人为了纪念郑成功的英勇壮举，1953 年，晋江专区文管会于焚衣处建立纪念碑。碑底砌方形基石，中筑束腰碑座，石碑竖立于座上，高 2 米，正面刻楷书"郑成功焚青衣处"，背面刻"郑成功传略"。1961 年，郑成功焚青衣处遗址列为泉州市第一批市级文物保护单位。

2. "海上视师"遗址

泉州南安石井，是福建东南沿海的著名古镇，也是海防要塞。石井靠海有一高地约百平方米，明朝抗倭时筑铳城，建烽火台，窥察四方；内有沟堑，可供兵丁驻守。郑成功抗清时，曾分兵驻扎于此，与临海相峙的晋江东石、安海的郑成功屯兵处形成掎角之势。

石井海湾，海域开阔，可容千艘兵舰驰骋操练。南明永历十年（1656），郑成功亲临故里巡视，指挥训练水师，风雨无阻。沿海一块突起的巨石上凿刻着"海上视师"四个大字，字径约95 厘米×100 厘米，系明朝嘉靖二十四年（1545）泉州知府程秀民（字天毓，浙江人）所题。

南安石井"海上视师"石（曾雅各摄）

89

3. 东石古寨遗址

东石古寨遗址位于泉州晋江东石镇，与金门岛隔海相望。宋太平兴国六年（981），太宗诏修天下城郭、寨墩时，东石寨以官银大修。大修后的寨墙周长192丈，基广1丈，高1丈5尺，石砌城墙上可跑马。

古寨顶有300多平方米的平台，郑成功在此安营扎寨，建"国姓城"，招"五虎"，"布九营"，整军练武、筹集粮饷。南明永历九年（1655），清军大军压境，战事激烈。郑成功派叔父郑鸿逵拆安海城修东石寨，并在寨顶筑水师训操台，操练水师。郑成功亲书"丹心"二字，命军匠镌于巨岩上以激励将士。后来东石人就把这块石头叫作"丹心石"，现在它也成了东石镇的标志之一。

4. 东石港遗址

东石港曾是郑成功操练水师的演兵场。白沙古战场遗址在东石白沙国姓城遗址边上，清康熙十七年（1678），清陆路提督段应举与郑经的前虎卫林升、水师四镇陈升在东石打了几场激烈的拉锯战，据《台湾外志》载："死者不计，血染龙江。"如今，房屋林立，草木葱茏，早已看不出曾是兵家交战之地，只有一块刻着"白沙古战场遗址"字样的石碑。

5. 郑成功陵园

郑成功陵园，位于南安市水头镇橄榄山麓，坐东南朝西北，总占地面积160亩，左右小山拱护，林木成荫，系清初古墓葬。

郑成功病逝后，被安葬于台南洲仔尾，清康熙三十八年（1699）五月二十二日迁葬故里，附葬于祖先乐斋公茔内。由于辈分等关系，墓碑上面没有郑成功的名字。但由于郑成功闻名于天下，人们统称之为"郑成功陵园"。随同迁葬的还有其子郑经等灵柩。

南安石井郑成功陵园

大门进入，经过一条长长的石板路，墓两侧有石构憩亭各一座。采用水灰三合土构筑土堆墓，坐东朝西，平面呈风字形，列三排，分九室，第二排中室为郑成功的墓穴。墓碑墓道皆用花岗石雕砌成，墓碑高75厘米，长15.8厘米，"山"字形。墓前石质华表一对，相距15米，高14米，径52厘米，呈八角形，顶端雕一座狮，保存完好；石夹板九对，左五右四，其中一板刻"戊子年解元"。

墓前设有石供案桌和花岗岩石墓碑，墓碑阴刻"明石井乐斋郑公、淑慎郭氏、乔梓五世孙、六世孙、七世孙茔域"等字样。据资料记载，郑成功灵柩有棺椁两层，里面一层油漆朱红鲜泽，棺内布满水银，骨骼完好，曾取出将盔一顶，龙袍一件，腰围玉带镶玉十七块，靴鞋各一双，还有头发等珍贵文物，现由南安石井郑成功纪念馆收藏展示。

1982 年，郑成功陵园被国务院公布为第二批全国重点文物保护单位。

（二）厦门

郑成功与厦门市思明区有着深远的关系，当年郑成功亲自将中左所改为"思明"，地名沿用至今。在郑成功三十九年的生命旅程中，他在思明生活了十四年，在此留下了许多故事和史迹。在思明区内，有郑成功操练水师的水操台，有练兵的演武场、演武池，有屯兵的嘉兴寨，有太平岩郑成功读书处，有先锋营、洪本部、国姓井、延平郡王祠等多处相关史迹。

1. 龙头山寨遗址、水操台遗址

龙头山寨遗址、水操台遗址，位于思明区鼓浪屿日光岩内，日光岩古称龙头山，又称晃岩，最高处海拔 93 米。

龙头山寨遗址（谢明俊提供）

水操台遗址（谢明俊提供）

1961 年 11 月，郭沫若登日光岩，挥毫写下一首七律《登日光岩》：

晃崖磅礴沐天风，屹立鹭江第一峰。

音乐名区联蜃寺，英雄故垒看艨艟。

金门锁定瓮中鳖，铁轨飞驰海上龙。

昨日荷夷今日美，驱除待命有先锋。

南明永历元年（1647），郑成功在厦门建寨屯防，修城筑寨、演武练兵，在此指挥操练水师，后人相沿称之为水操台。寨址原砌筑石寨墙基本上已毁，今存东侧寨墙一段及寨门一座于日光岩东麓山腰上，寨门与两侧翼墙均以花岗岩条石垒叠而成。

寨门高 1.74 米，宽 0.8 米，两侧寨墙共长 4.5 米，高 2.9 米，整体保存完好，寨门前方设有石台阶通向山下。寨门内崖壁上有多处凿孔，直径 0.15 米，深约 0.08 米，为当年建寨时凿岩搭椽架梁而留下，凿孔作"人"字形排列，或依山岩地势作直线排列。龙头山寨为郑氏在厦门最早的屯兵营寨，遗址内有蔡元培、蔡廷锴等许多名人题咏郑氏业绩的诗刻。2002 年，有关部门对危倾的石砌寨门进行了维修。

寨门右侧有一巨大岩石北对鹭江，摩崖上有 1918 年李增霨所题的阴刻楷书"闽海雄风"四字，每字高 1.58 米、宽 1.5 米。其右上侧有 1918 年黄仲训署名的阴刻楷书"郑延平水操台故址"，每字长 0.3 米、宽 0.28 米。因郑成功受封延平王，故黄仲训题名石刻称其为郑延平。

龙头山寨遗址、水操台遗址，1985 年被福建省政府公布为第二批省级文物保护单位；2001 年被厦门市政府公布为厦门涉台文物古迹。

2. 演武亭遗址

演武亭遗址，位于厦门大学鲁迅纪念馆前的大操场处，1961 年被列入市级文物保护单位。当年郑成功挥师北伐之前，曾在此选将练兵，训练出一支拥有万人的"铁人军"，成为收复台湾的主力。1954 年，在厦门大学同安楼后面的八角亭花园中发现一块长 120 厘米、宽 48 厘米的"练胆"石刻，现存于鼓浪屿的郑成功纪念馆。陈嘉庚先生当年选择演武亭的遗址创办厦门大学，寓意秉承先辈遗志，爱国兴邦。

演武亭遗址（谢明俊提供）

3. 演武池遗址

演武池遗址，位于厦门演武小学西侧。

演武池遗址（谢明俊提供）

300 多年前，遗址及其周围大片陆地原是一处延伸至沙坡尾并通连外海的广阔海湾。据史书记载，南明永历十二年（1658），郑成功为了驱荷复台，命工官冯澄世在这里筑建了"演武池"，按照亲自制定的"水师水操法"在此操练水师战船。现大部分水域已被填成陆地，四周为现代花岗岩砌成的堤岸，池水经地下涵道与海域相通。

1961 年，演武池遗址被厦门市政府公布为市级文物保护单位。

4. 高崎寨遗址

高崎寨遗址，位于湖里区高崎社东面濒海的山阜上，面对浔江海域，略呈方形，现存面积约 2400 平方米。西、南两面尚存的石砌寨墙长 32 米，高 2.5 米。西北、东北侧的石寨墙砌筑于海滩之上，残存长度 100 多米，高度 4～6 米。高崎突出于厦门

高崎寨遗址（谢明俊提供）

岛北端，战略地位至为重要。南明永历九年（1655）四月，郑成功命工官冯澄世督建高崎寨于此，为岛内重要的屯兵营寨之一。南明永历十四年（1660），清廷调集数省水师围攻厦门，郑成功下令以号称"铁人军"的右虎卫镇驻守此寨。同年五月十日，该寨将士配合郑军各部大败清军于高崎海上。

1961年，该处被厦门市政府公布为市级文物保护单位。

5. 嘉兴寨遗址

嘉兴寨遗址位于思明区鸿山寺后山上，是郑成功屯兵厦门时期的军事要地之一。现残存石寨墙垣数段，鸿山顶有一巨岩，上镌刻楷书"嘉兴寨"三字，每字高0.55米，宽0.43米，相传为郑成功手迹。

1982年，该处被厦门市政府公布为市级文物保护单位。

嘉兴寨遗址

6. 郑成功杀郑联处遗址

郑成功杀郑联处遗址，位于厦门园林植物园万石岩水库西侧。

郑联，厦门高浦人，郑成功宗兄，清兵南下之际，拥护浙江鲁王监国，南明永历二年（1647），鲁王监国赐封为定远伯，盘踞厦门，驻兵于万石岩、中岩一带。郑联看到中岩的旷地上有一块独立的大石头，竖着看去颇像大臣的奏板，于是提笔写了"玉笏"二字，落款为"丁亥秋中定远书"。后人将这块石头叫"玉笏石"，中岩玉笏也因此得名，也是厦门小八景之一。那时，郑联拥兵跋扈，横征暴敛，弄得厦门百姓怨声载道。

万石岩下，一石峰耸立，因其像大象朝天伸着长长的鼻子，

厦门园林植物园锁云石

清雍正时厦门海防同知李璋题"象鼻峰",在象鼻峰下有一块"锁云"石,立于溪涧之旁,"锁云"石刻,字体为行书,字幅长高都约 0.3 米,为清康熙厦门海防同知姚应凤题写,其意是云过此处,停止不前,像被锁住一样,故名"锁云"。云为何被锁,此乃因朝天的岩石挡住云的去路,使云停留在岩石之中的洼处岩窝,也隐指南明时期定远侯郑联于此被杀之历史典故。《厦门志》有云:"沿涧上行至一石门,镌'锁云'二字,即郑成功刺郑联处也。"

1961 年,郑成功杀郑联处遗址被厦门市政府公布为市级文物保护单位。

7. 国姓井

相传郑成功屯兵练操时,为解决将士生活用水而挖掘水井,亦造福当地居民,被敬称为"国姓井",即国姓爷开挖的水井。

在厦门、南安、金门、台湾各地均有"国姓井"，有的至今仍可饮用。

鼓浪屿皓月园覆鼎古井

厦门的国姓井中，最有名的首推鼓浪屿延平公园内俗称"三不正井"的三拂净泉。井背山面海，其得名有几种不同说法。一种说法是，郑成功开凿这口井时，前后经过三次挖掘，到第三次才冒出洁净的泉水，所以叫它"三拂净泉"；还有一种说法，这井的井底由三块不同形状的石头垒成，而且一天内早中晚泉水颜色不同，所以叫"三不正井"。据说这口井从来没有干过，井水清碧甘冽，比别的井水好喝。

鼓浪屿另一口国姓井在今福建路 24 号怡园内，井的外形和"三不正井"相似，但内壁用红砖砌成，井口圆形，后人用洋灰围护。

厦门高崎社区有国姓井两口，分别位于高崎二组池塘南侧、林姓祖祠北面，井水清冽，居民现仍在使用。

高崎国姓井（谢明俊提供）

8. 集美寨遗址

集美寨，又称浔尾寨，位于厦门市集美区集美中学延平楼前。

据《闽海纪要》载，南明永历十三年（1659）七月，为加强海上防务，郑成功命提督中军刘国轩在集美东南海滨建寨屯兵，操练水师。集美寨地势险要，与高崎寨互为犄角，扼控厦门岛北部海面。次年五月，清军调集各路水师进攻厦门岛，郑成功以高崎、集美两寨为营，大败清军于浔江海面。

寨址早年已被毁，今遗址内尚存南面寨门及两翼寨墙。寨门朝南，寨墙残长 1.04 米，高 3.5 米，宽 1.68 米，厚 0.65 米，均由横纵相间的花岗岩条石干砌而成。

寨门后存有一天然巨石，1923 年陈嘉庚先生在此兴建集美校舍时，为缅怀郑成功的丰功伟绩，嘱人在巨石上镌刻"延平故垒"四字。

1982 年，集美寨遗址被厦门市政府公布为市级文物保护单位。

集美寨遗址寨门（谢明俊提供）

集美寨延平故垒刻石（谢明俊提供）

（三）金门

金门县历史悠久，古称"浯洲"，南明隆武元年（1645），郑成功从今金门县烈屿乡湖井头登岸，奉明太祖灵位，大会明朝文武群臣于烈屿巡检司城，留下小金门会盟处遗址，郑成功以金门为基地，展开北伐南京，收复台湾的事业，在金门留下许多历史遗迹。

1. 莒光楼古炮

莒光楼是一幢仿古宫殿式的三层楼建筑，登上楼顶可观看全城景观及小金门海域。有一门郑军所用的礼炮，出土后放置在莒光楼门前右边，供游人参观。

2. 观兵弈棋处

金门太武山上，保留有一郑成功弈棋处，巨石上刻有"明延平郡王郑成功观兵弈棋处"字样。

当年郑氏驻金门军队遍及金门全岛及海上，故其常登山观兵，俯瞰沿海形势。在一山洞内还设有棋台，闲暇时弈棋，后人为了纪念，将这洞称为"成功洞"。棋台年久毁坏，后又重修，新修的棋盘上，刻着"万机分子路，一局笑颜回"字样。

3. 国姓井

在小金门，还保留有一口国姓井。金门史料记载，金门曾有好几口国姓井，有的已不存在了。据说，这些井的来历，多因为当时驻军多，缺乏饮用水，所以郑成功亲自勘察地形并以剑掘成，后人为纪念他，就把井称为"国姓井"。

4. 模范街

模范街是金门现存最具有特色的古老街道。在街两头，各有一块相同的石刻，记载模范街原为郑成功训练陆军的内校场，1924年，当时的金门县商会会长傅锡祺先生，利用汇集的侨资建设了模范街。

（四）台湾

在台湾，与郑成功相关的文物遗迹遍布岛内，其中以郑氏故地台南为最。

1. 赤崁楼

荷兰殖民统治者在台湾修筑普罗民遮城（今赤崁楼）与热兰遮城，都位于现在的台南市，普罗民遮城与台湾城之间隔着一个内港，叫作台江。台江西南海面有七座山屿相连，叫作七鲲。每座山屿相距一里多，彼此毗连环护。一鲲北面隔海有北线尾小岛，其间海面叫大员港（又称安平港）。北线尾北侧为鹿耳门港。荷兰人修筑的城堡台湾城在台江西侧的一鲲，普罗民遮城在台江的东侧。

今台南赤崁楼（厦门郑成功纪念馆提供）

南明永历十五年（1661），在何斌的引导下，郑成功率军通过鹿耳门港道，越渡台江内海，首先攻下赤崁城。之后，郑氏立刻改普罗民遮城为东都明京，设承天府，并颁布谕告："东都明京，开国立家，可为万世不拔基业。"在东都暂居9个月以后，郑成功一举攻下热兰遮城，结束了荷兰在台湾38年的殖民统治。

不到半年，郑成功因病逝世。世子郑经即位不久，在南明永历十八年（1664）废东都，改称东宁。承天府裁废后，赤崁楼便成为储藏火药的场所。清康熙六十年（1721），朱一贵起义反清，赤崁楼的铁铸门额被拆去镕铸武器。以后再加上人为的残损，风雨飘蚀、地震颠摇，到后来，赤崁楼只余下四周的颓兀城墙，呈现一片凄清荒凉的景象。

乾隆五十三年（1788），林爽文事件平定后，清廷将福康安将军平定过程刻成八块长方形石碑碑文，以汉文、满文撰写，立置放于赤崁楼，供人阅览瞻仰。十九世纪后半叶，大士殿、海神庙、蓬壶书院、文昌阁、五子祠等建筑先后盖起，覆盖在赤崁楼的原址上。五座建筑巍峨高耸，为破落的赤崁城址平添了壮伟气派。台湾日本殖民统治时期，日本人则把海神庙和文昌阁、五子祠当作医院和学生宿舍。1921年，日本人在拆除大士殿重整该址时，重新发现了原普罗民遮城的旧堡门，然后又发掘到东北角的荷兰炮台残迹，以及通到堡垒地下室的门户，因此将其设置成历史馆。

古赤崁楼模型（周芷茹提供）

台湾光复后，重加修缮，成为台南市立历史博物馆。1974年又重修一次，而成今貌。

2. 安平古堡

安平古堡，古称奥伦治城（Orange）、热兰遮城（Zeelandia）、安平城、台湾城，位于今台湾台南市安平区国胜路82号。

安平古堡（周芷茹提供）

安平古堡最早建于公元 1624 年，是台湾最古老的城堡。自建城以来，曾是荷兰人统治台湾的中枢、郑氏政权三代的宅第。

安平古堡城墙由糯米汁捣合牡蛎壳灰、砂土等叠砖而成，并称"三合土"。原内外城四角建有棱堡安置大炮，历经 300 余年后，今仅存外城城墙一堵、古井一口、半圆形棱堡基座及部分残迹，其中以原外城南壁长 65.8 米的城垣残迹规模最大。

明永历十五年（1661），郑成功收复台湾，改热兰遮城为安平镇，故称"安平城"；因郑氏宅第设此，故又俗称"王城"；在日本殖民统治时期被毁，改建为新式洋馆，作为海关长官公馆，即今之"安平古堡"。堡前空地上竖立着一座石碑，上书"安平古堡"四个大字。古堡脚下，竖立着郑成功铜像。

安平古堡上的安平古堡文物陈列馆，主要介绍了安平自荷兰殖民统治时期至今的历史，包括安平庙宇古迹分布图、荷兰对外贸易、郑氏史迹、郑荷条约、沈葆桢在台事略等图文资料；同时还有热兰遮城、德记洋行、东兴洋行、海山馆、民宅等模型展出。

二、 纪念馆

为了纪念郑成功的卓越贡献，在他生活过的地方，大多建有纪念馆，用声、光、电、图、实物等多方面来展示郑成功的生平伟绩，供人参观缅怀。

1. 厦门郑成功纪念馆

厦门郑成功纪念馆坐落于厦门市思明区鼓浪屿日光岩景区内，主楼为独栋红砖瓦楼，踞山面海，周围花木繁盛。

厦门郑成功纪念馆

该馆成立于 1962 年 2 月，时值郑成功收复台湾 300 周年，馆名匾额为郭沫若亲笔题写。全馆除序言厅外，依次为"郑成功的青少年时代""救国救民举义抗清""中华宝岛台湾""跨海东征驱荷复台""筚路蓝缕开发台湾""大义彪炳流世百芳""民族精神激励后代"等七个主题展室，布展内容融艺术性、科学性、知识性、趣味性为一体，其中以驱荷复台为重点，讴歌郑成功爱国主义精神和巨大的历史功勋。各种文物、文献、照片、图表、雕塑、模型共 426 件，其中一级文物 9 件，系统地介绍和展示郑成功抗清、驱荷复台的历史生涯。

厦门郑成功纪念馆前郑成功雕像

厦门郑成功纪念馆内展品

作为一座纪念历史人物的专题性博物馆，从它诞生之日起，就成了向大众，特别是青少年的爱国主义教育基地。1995年入选为首批省级爱国主义教育基地；1996年被入选为"百个全国中小学生爱国主义教育基地"；1997年被中宣部入选为"百个爱国主义教育基地"。

同时，郑成功纪念馆还是海内外规模最大的郑成功文献收藏中心和研究基地。目前该馆馆藏有关研究资料、文献11470册。纪念馆每年还组织编辑出版《郑成功研究通讯》和《郑成功研究丛刊》，还整理出版了相当丰富的郑成功文史资料，如《海上见闻录定本》《郑成功族谱三种》《郑成功族谱四种》《郑成功纪念馆藏书画作品选》《厦门郑成功纪念馆》《郑成功文物史迹》等，深受有关学者、专家的欢迎和好评。

2. 南安郑成功纪念馆

南安郑成功纪念馆，位于南安市石井镇。1962年，为纪念郑成功复台三百周年，由南安县人民政府建成，共搜集、展出有关郑成功生平、功绩的珍贵文物200余件。

南安郑成功纪念馆

该馆是三进宫殿式建筑，依山傍海，恢宏雄伟；分前、中、后三个展厅。前展厅表现了纪念馆的中心主题，有郑成功全身立像、"郑成功大事年表"、"郑成功传"及郑成功"复台""北伐"诗篇，以及《郑成功接受荷兰殖民者受降仪式图》和《台湾人民热烈欢迎国姓爷郑成功》的绘画。中展厅是有关郑成功生平的"文韬武略，少年英俊""北伐抗清，威震东南""收复台湾，建设宝岛"等主题陈列。后展厅陈列主题为"丰功伟绩，流芳千古"，有从郑成功陵墓出土的珍贵文物，还有大量的古籍史料以及众多名人书画家所题绘的书画等。馆内文物、展品丰富多样，风云时代的万丈豪情，铁与血的碰撞，民族大义的凛然，岁月的沧桑，在纪念馆内皆可感受得到。

　　纪念馆左侧还建有郑成功碑林，占地 2000 多平方米。碑廊两厢墙壁上嵌有 100 多方海内外各界名人题词的石碑，有楷书、行书、草书、隶书、甲骨文、钟鼎文等多种字体，从中可见人们对郑成功的敬仰与崇拜，当然，更多的是对郑成功民族大义精神的肯定、挖掘与传播。

郑成功碑林

郑成功诗作碑刻

3. 浙江苍南金乡镇郑成功纪念馆、灵溪镇郑成功纪念馆

浙江温州苍南有两座郑成功纪念馆，一座位于金乡镇郑家垟村，另一座位于灵溪镇观美社区。根据郑氏族谱记载，当地郑氏先祖来自闽南。

金乡镇郑成功纪念馆，为两层飞檐仿古建筑，占地面积450平方米，建筑面积300平方米，于1996年11月建成。据《延平王户官杨英从征实录》记载，郑成功领导浙闽沿海抗清义军，两次进金乡卫筹饷。因陈仓播下抗清火种，金乡全力支持郑成功筹饷。不久，他与张煌言率领的另一支南明义军会师，集中水路军士十万，战舰二千余艘，从长江口直入，兵临南京城下。为纪念郑成功的丰功伟绩，1996年，金乡倡议并筹资兴建了郑成功纪念馆。纪念馆一楼正厅立郑成功戎装金身塑像，左右厅分别展示驱逐荷房和三次北伐油画以及收复台湾征战示意图，二楼四壁展

苍南金乡镇郑成功纪念馆

出文物图片30幅。2008年6月，郑家垟村再次集资26万元，在郑成功纪念馆入口处建筑一座气势宏伟的仿古大理石牌坊。牌坊为四柱三间，通面宽13.5米，高9.6米。牌坊前立两尊大石狮，牌坊上有双龙戏珠、凤凰、麒麟等雕刻，中柱刻有对联"匡正扶危赤子丹心不泯，骑箕转斗中华浩气长存"，外柱石刻有对联"驱逐外寇神威扬四海，光复台湾伟绩著春秋"。

灵溪镇郑成功纪念馆，2016年2月落成，由当地郑氏后人自发捐资建成，系三层高的木石结构的仿古建筑。纪念馆一楼天井中间，郑成功塑像身着战袍，手握佩剑，庄严肃穆。展厅展出一些郑成功生平资料、照片及仿制物。纪念馆亦成为当地郑氏宗祠。

4. 台南郑成功纪念馆

台南郑成功纪念馆，位于台南市中西区开山路152号延平郡王祠南。一楼主要陈列展示先民生活相关的史前文物，二楼馆藏丰富台南历史文物，包括郑成功、沈葆桢的画像与墨迹，也有展示当年先民的日常生活用品。

台南郑成功纪念馆（厦门郑成功纪念馆提供）

5. 台中郑成功纪念馆

台中郑成功纪念馆，位于台中市铁砧山风景区山顶上，是一座园林式的现代化礼堂式建筑，兴建于 20 世纪 80 年代。

台中郑成功纪念馆（引自《闽台郑氏宗祠大观》）

纪念馆占地面积约 6600 平方米，建筑面积约 1980 平方米，白墙红柱，设地上两层、地下一层。地上一楼为可容纳 400 人参会的大会堂；二楼为郑成功纪念馆，设五大展区：纪念品及文物展区，大甲郑氏宗亲会与福建及世界各地宗亲的交流纪念品及文物展区，海峡两岸郑氏族谱展区，郑成功纪念年表展区，郑成功有关文献书籍展区，并专题介绍台湾大甲、大安、清水、苑里、通霄等地区祭祀郑成功的庙宇。

该纪念馆也是台中市郑姓宗亲会会址，每年 11 月，择假日举行宗亲联谊会等活动。

台中郑成功纪念馆山门（厦门郑成功纪念馆提供）

6. 日本平户郑成功纪念馆

郑成功纪念馆在位于日本长崎县平户市川内町，该馆址原为郑成功故居，门上"浩气千秋"牌匾，为世界郑氏宗亲总会赠送。馆中复原了郑芝龙一家当时的生活场景，馆中陈设了郑芝龙塑像、妈祖神像、郑军的甲胄和兵器以及中国台湾方面制作的郑成功手书、肖像复制品等大约50件展品。

三、 现代雕塑及诗刻

（一）雕塑

闽台各地竖立了郑成功雕像，以缅怀民族英雄郑成功。泉州南安市区东区的郑成功雕像，1982年由中央美术学院时宜教授设计，以南安石井郑成功纪念馆塑像为原型，头戴头盔，身披战袍，腰佩利剑，威风凛凛。雕像高16.24米，由205块白色花岗岩石分七层精心砌成。

1985年，鼓浪屿东南端的覆鼎岩上的郑成功石像落成，石像由中央美术学院教授时宜教授创作，屹立在高24米的覆鼎岩上，分25层，地基深入岩层3米，并配备防雷设施，可抗12级台风，8级以上地震。郑成功像面朝波澜壮阔的大海，身披盔甲，手按宝剑，形象挺拔刚劲，气势雄伟。

鼓浪屿郑成功石像

位于泉州大坪山山顶的郑成功塑像，2004 年由厦门大学设计，造型为郑成功举手侧望，眺望台湾海峡。塑像高 30 米，基座平台高 8 米，总高度 38 米。塑像海拔高度为 166.2 米，寓意郑成功于 1662 年挥师东渡，驱逐荷兰殖民者，收复台湾。塑像外表为锻铜拼接，铜像内以铜铁片网空间结构为骨架，塑像基座平台采用钢筋混凝土实心网架结构。该塑像由泉州市人民政府投资 1200 万元、社会各界集资 640 万元兴建。

泉州大坪山郑成功塑像

此外，在哈尔滨工程大学校园，广东省汕头市南澳岛深澳古镇总兵府大门外，河南新乡步行街，台湾台南赤崁楼及安平古堡、台南火车站，日本长崎县平户市等地均有郑成功雕像。

台南火车站郑成功铜像（周芷茹提供）

台南市安平区西门小学郑成功铜像（周芷茹提供）

鼓浪屿皓月园"闽海雄风"雕塑

（二）郑成功诗刻

郑成功诗刻位于厦门思明区鼓浪屿皓月园内，由南北两组碑廊组成。

北碑廊长 13 米，高 2.5 米，是一堵镶嵌着八块黑色大理石的花岗岩石墙，刻有郑成功作于各个不同历史时期的八首诗作，其中四首是他的手迹，如"养心莫善寡欲，至乐无如读书"等。这些诗以郑成功南征北战的戎马生涯为背景，或富含哲理，或壮志凌云，他的诗和字俊逸、洒脱，具有很高的艺术性和历史价值。

郑成功诗作碑刻

郑成功诗刻北碑廊

　　南碑廊篆刻了后人赞颂郑成功的十四首代表作，作者包括康熙皇帝、刘铭传、唐景崧、沈葆桢、夏献纶和郭沫若等人。作品大多是作者的手迹，诗作颇富哲理，并有强烈的爱国主义情感，客观地评价了郑成功的历史功绩。

康熙皇帝、刘铭传诗刻

沈葆桢、夏献纶诗刻

第五章　延平郡王信俗的意义与价值

　　中华文化历史悠久、绚丽多彩、博大精深。闽南文化作为一种区域性文化，是中华文化的重要组成部分。闽南文化积淀深厚，内容丰富，特色鲜明，是一种在海内外具有重大影响力的地域文化，也是联络海峡两岸人民感情的重要文化纽带。

　　闽南文化有丰富的民间文化，如口传文学、民间工艺、民间戏曲、民间游艺、民间信俗等。民间信俗所依托的场所——祠庙，集中展示了建筑、雕塑、雕刻、绘画等传统民间工艺美术；许多祭祀活动，如建醮、进香、绕境等，及民间"阵头"表演，如民间舞蹈、民间武术等，都是围绕着祠庙举行，可以说，祠庙是一个时期内的文化风俗最集中的展示舞台。

　　作为闽南民间信俗代表之一的延平郡王信俗，在不同时期内，对闽南人的生活具有重要的影响。郑成功长期与清廷对峙，屯兵金厦，金厦成为当时郑氏集团的大本营。郑氏收复经略台湾的历程，影响深远。郑成功开发台湾，为台湾的社会发展做出了不可磨灭的贡献；其次，郑氏家族有力地控制着东南亚海上贸易，阻止西方列强染指中国的步伐。家喻户晓的民族英雄郑成功，其历史事迹及其文化遗存的利用与开发在推动海峡两岸文化交流、传播历史文化、增强旅游吸引力等方面具有重要意义。

一、　经略台湾，　传播中华传统文化

明末清初，郑成功军队赴台征战，大量闽南人亦随之移居台湾，在台湾屯田垦荒，促进了台湾的社会经济发展，带来了中华文化，并形成特有的"郑成功情结"，延续至今。

郑氏入台，首先在台湾设置了府县，推行文化教育，建孔庙设学校，开办科举，使儒学也得到很好的传播。当时的台湾广泛流传着一句话："郑成功开之，陈永华营之。"南明永历二十年（1666）正月，有"全台首学"之称的台南孔庙落成，是台湾第一座孔庙。咨议参军陈永华出任学院主持，叶亨为国子助教，在孔庙设立太学。这标志着以儒学为核心的中华传统文化自此开始全面、系统地在台湾传播开来。

"全台首学"台南孔庙（周芷茹提供）

郑氏政权积极组织移民，扩大经济生产。从福建、广东等地

组织百姓到台湾开垦，奠定了汉文化在台湾的根基。台湾从语言文字、生活习俗、宗教信仰、民间技艺、生产方式等等，无不是汉文化为主。

二、 英勇不屈， 激励后人爱国爱乡

鼓浪屿皓月园"藤牌驱虏"青铜浮雕

郑成功不畏强权，驱逐荷兰殖民统治者，收复台湾，是我国胜利抵御西方列强入侵的历史记录，具有划时代意义，郑成功因其历史功绩，被官方所推崇。

郑氏时期，嗣王郑经建专祠祭祀其父，在当时的环境背景下，此举有凝聚军民向心力之功能与意义。自郑氏归降后，早期清廷仍将郑成功视为逆臣或海贼。康熙三十八年（1699），康熙皇帝以郑成功为"明室遗臣"，下诏准其迁葬于南安水头橄榄山，赐"忠臣"牌匾，后建成南安延平郡王祠，以表彰郑成功的忠节精神与收复故土之功勋，而南安延平郡王祠也成为海内外祭祀郑

成功启蒙现场（厦门郑成功研究会提供）

成功的祖庙。清末，为稳定台湾，在钦差大臣沈葆桢来台视察后上疏谏言下，朝廷准许为郑成功建祠祭拜，并追谥为"忠节"。

从此郑成功为官方褒赞的忠义典型，台湾巡抚刘铭传、唐景崧等人都曾为延平郡王祠作楹联，如台南郑成功祖庙正殿上联为"东迎泽露福荫万世创伟业"，下联为"海纳百川凝聚千家耀辉煌"，官方对郑成功的推崇，成为台湾延平郡王信仰习俗形成一股推力。1947年3月，时任国民政府国防部长白崇禧来台南延平郡王祠拜谒，改建祠前石坊，并书挽联横额，借此表彰郑成功治理台湾的伟大事迹。至今台湾有不少郑成功的人物塑像，也有以"成功"或"延平"命名的地方、学校、道路，如南投县国姓乡、台东县延平乡，学校如台南市成功大学、台北成功中学、台北延平中学，道路名称如台北延平北路、台南市开山路、台中市成功路等，都充分表明了台湾同胞对郑成功的崇敬与怀念。

台南安平老街（周芷茹提供）

南安郑成功陵墓前的碑文记载：

郑成功墓迁葬始末：明延平郡王郑成功是我国杰出的民族英雄，伟大的爱国主义者，他忠勇爱国，艰苦卓绝；他北伐抗清，驱荷复台，开辟荆榛，繁荣宝岛。因积劳成疾，病逝于台湾，葬台南洲仔尾。清康熙二十二年（1683），其孙克塽归清，挈眷入京，封汉军公。克塽念台湾远隔溟海，祭扫维艰，具疏请乞葬内地，康熙帝恩准，钦赐御葬，并赐挽联。于康熙三十八年（1699）五月二十日与夫人董氏附葬于七世祖乐斋公茔内。同时附葬者还有郑芝龙夫妇、郑经夫妇。郑氏隐石井传至七世乐斋公，十一世郑芝龙，故郑氏祖茔墓碑刻之五世孙乃郑芝龙，六世孙即郑成功，七世孙郑经。特立此碑，释明始末，启迪后人，永世不忘。

　　这代表了祖国大陆对郑成功的总体性评价——"杰出的民族英雄郑成功，伟大的爱国主义者"。在闽南，许多事物都无不带有郑成功的影子，如鼓浪屿延平公园、演武大桥、成功大道等地名，就连厦门最有特色的民俗活动"博饼"也与郑成功有关。

鼓浪屿延平路

三、　构建起海峡两岸交流的平台与渠道

　　2015 年 3 月 4 日，习近平总书记在参加政协民革、台盟、台联委员联组讨论，有委员发言建议构建闽南文化产业带，并讲起在境外用闽南话唱歌受到同胞厚待的故事。习近平总书记说，台湾除了原住民，大陆去台的以闽南地区为主，讲的就是闽南话。血缘相亲，文缘相承。闽南文化作为两岸文化交流的重要部分，大有文章可做。

　　闽南与台湾的延平郡王信俗文化交流具有地域广、范围广、交流深等特点，有力地促进了海峡两岸的政治、经济、文化交流。

日本殖民统治台湾时期，台湾的民众借对郑成功的信仰崇祀寄托对原乡故土的思念之情。1936年12月1日至14日，时任厦门市长李时霖率福建考察团一行11人赴台湾考察，"希望以考察所得为建设福建之借鉴"，特意参观了台南延平郡王祠。1944年3月1日，在祖国大陆参与抗日斗争的李友邦所属台湾义勇队第三巡回工作组路过晋江安海时，全体转往南安石井致祭郑成功。工作组组长张士德代表李友邦主祭，祭文曰："克复故土，驱倭东瀛。万民共仰，企凭英鉴，精神不泯，浩气长存。"这表达了台湾同胞对于郑成功的忠心义胆及其丰功伟绩的崇仰之情。

20世纪80年代后期，台湾民间兴起了一股"寻根热"，纷纷前往大陆祖籍地拜谒祭祖，而闽南作为台湾同胞主要祖籍地，又是郑成功故乡，自然成为热门寻根地之一。在台湾、厦门及郑成功出生地南安，每年都会举办规模不等的纪念活动，这种活动在同宗同源的海峡两岸民众之间，有着强烈的感召力和影响力，从而形成了一种独特的"郑成功文化"。海峡两岸纪念郑成功的交流活动不断增多和升级，成为海峡两岸民间文化交流的重要活动之一。

自2004年之后，台湾将郑成功文化节提升规格举办。厦门发挥独特的对台区位优势，于2009年开始举办郑成功文化节。海峡两岸相互借鉴、相互支持、共同交流，文化节的举办成了联系海峡两岸同胞往来的桥梁与纽带之一，增进了海峡两岸对中华优秀传统文化的共识，增强了民族亲和力和凝聚力，为推动闽台乃至海峡两岸文化、经贸、旅游等方面的合作交流、互利双赢做出重大贡献。

海峡两岸的郑成功文化节以宣扬郑成功的历史功绩为主轴，在闽台交流方面具有重要意义。福建肩负两岸和平与发展的重要使命，纪念郑成功就是要弘扬其爱国主义精神，增强民族自豪感和自信心，坚定振兴中华的奋斗信念，团结海内外炎黄子孙，为促进祖国和平统一大业而努力。

此外，海峡两岸举办的历届郑成功文化论坛，在发掘、研究、弘扬、传播郑成功文化方面着力甚多，为海峡两岸专家学者研究与交流郑成功文化提供了一个很好的学术平台。

在当下，应持续办好郑成功文化节，大力推进海峡两岸郑成功文化民间交流，传承和弘扬郑成功文化精神，创新文化交流内容和形式，加强海峡两岸文化产业合作，不断强化海峡两岸交流交往的精神纽带，让"郑成功文化"在新时代焕发新光芒，使之更好地促进海峡两岸交流。

四、 促进旅游业发展

郑成功相关史迹及纪念建筑集自然和人文景观于一体，拥有着深厚的历史文化沉淀。2011 年 6 月，台湾当局开放大陆观光客赴台个人游，海峡两岸都熟悉的历史人物郑成功相关的旅游资源成为热点。海峡两岸共同推广成功文化旅游，以郑成功史迹为主轴，发展历史文化观光，各地区可有不同的侧重点。

2006 年 8 月 19 日，南平市推出两条"郑成功足迹风光旅游线路"，这两条线路涉及 12 个景点，每一处都有与郑成功相关的历史和传说故事，是我国继"徐霞客名人旅游线路"后的第二条名人旅游线路。

2012 年 10 月，南安市政府便发布《南安市"十二五"文化改革与发展专项规划》，提出发展成功文化旅游业，"整合水头镇、石井镇相关资源，形成以郑成功文化园为主的观光、休闲、参与的旅游产品，以郑成功纪念馆、郑成功主题公园、延平郡王祠、郑成功碑林、开台圣王庙、五里桥文化主题公园等组合的观光、纪念、休闲产品，构建大景区格局，打造'成功故里游'文化品牌"。泉州南安自 2010 年开始举办文化节，每两年一届，至 2018 年已连续举办五届。

南安郑成功旅游景区规划图

厦门作为郑成功屯兵抗清与驱荷复台的基地，至今仍有演武场、演武亭、嘉兴寨、太平岩郑成功读书处、国姓井等遗址和大量名人纪念题刻。其中日光岩是郑成功操练水师的地方，有寨门、古梁洞、水操台等遗址，还有后人颂扬郑成功水师的"闽海雄风"摩崖石刻，在日光岩景区内还坐落着郑成功纪念馆。鼓浪屿东南隅有郑成功主题公园——皓月园。在覆鼎岩上，矗立着 1985 年落成的郑成功巨型石像。这些相关景点都吸引了不少游客。泉州和厦门打响"郑成功"品牌，共同开发郑成功旅游资源，优势互补，形成"郑成功文化旅游"系列。在福建，以郑成功为品牌的文化产业和旅游产业正逐步得到完善。

　　台湾台南，是郑成功带领军队驱逐荷兰殖民统治者的地方，也是郑氏在台湾最早开发、发展的地方，自然有很多和郑成功有关的遗迹，如延平郡王祠、赤崁楼、安平古堡、亿载金城、安平小炮台、法华寺、开元寺等，均为重要旅游资源，也是大陆赴台游的热门景点。

太子观战（苏华琦摄）

附　录

延平郡王祭祀祭文

　　二〇一八年六月二十三日，岁次戊戌五月初十日，厦门市思明区文化体育出版局局长洪少宁，于民族英雄郑成功逝世三百五十七周年之际，谨以崇敬之诚，赞郡王之勇烈兮，颂民族之雄风。曰：

　　　　东南形胜，镇海临风。明末郑森，投笔从戎。
　　　　抗清复明，矢志尽忠。八闽大地，跃虎潜龙。
　　　　延平郡王，国姓成功。世界大局，了然于胸。
　　　　通洋裕国，与世争雄。兴业安民，情之所钟。
　　　　演武场上，练兵冲锋。水操台前，横列艨艟。
　　　　金厦两岛，军事要冲。跨海东征，敢为先锋。
　　　　驱荷复台，气贯长虹。开台始祖，伟绩丰功。
　　　　恩施海西，泽沛海东。国魂族心，意真情浓。
　　　　万民歌颂，气势恢宏。千载精忠，青史志功。
　　　　闽台两地，同祖同宗。文脉相循，语言相通。
　　　　习俗相近，血缘相同。神缘相合，商务繁荣。
　　　　全球华人，缅怀英雄。携手并进，勇攀高峰。
　　　　时逢盛世，岁月峥嵘。中华圆梦，盖世之功！
　　　　伏维尚飨！

郑成功颂典祀宴礼

时间：二〇一八年六月二十三日，岁次戊戌五月初十日

地点：厦门鸿山公园延平郡王祠

主持人：洪少宁

主持人唱：二〇一八年六月二十三日，岁次戊戌五月初十日，海内外郑氏裔孙祭祀郑成功庆典开始。鸣炮。

8：20－8：45 所有信众及礼生自由祭拜郑成功。

8：45－9：00 节目表演（厦门鼓乐开场、台湾八家将团）。

9：10－9：25

一、恭请大陆和台湾双方主祭人各一人，陪祭人（包括：我国大陆和台湾以及海外日本、马来西亚等共40人）；

二、乐起、行盥洗礼，敬香；

三、全体肃立，行四拜礼（迎神，鞠躬致敬）

四、行三献礼：初献礼，海峡两岸主祭共献鲜花、大陆主祭人读祝文；再献礼，海峡两岸主祭共献果、台湾主祭人读祝文；终献礼，两岸主祭共献香茗、焚祝文；

五、全体肃立，行四拜礼（辞神、鞠躬致敬）；

六、撤馔、归位；

七、献舞；

八、礼成。

9：25－9：30 终献舞。

9：30－9：35 主持人宣布郑成功文化节开幕式暨郑成功颂典祀宴礼结束。

9：35 之后分批下山。

闽台地区主要延平郡王祠庙

地区		祠庙名称	主神	地址	创建时间	备注
厦门市（4）	思明区	延平郡王祠	延平郡王	鸿山公园嘉兴寨南侧	初建于 20 世纪 30 年代；2009 年重建	
		郑成功庙	郑成功	曾厝垵西路西边社山坡顶	2013 年	
	同安区	三太庙	郑芝龙、郑芝虎、郑芝凤、郑成功	莲花镇澳溪村	1926 年	
		灵山寺	延平郡王郑成功	祥平街道西洪塘社区塘边里		
泉州市（4）	南安市	延平郡王祠	延平郡王	石井镇东南侧鳌峰山麓	初建于清康熙三十八年（1699）；1987 年重修	
		郑成功庙	郑成功	石井镇东南侧鳌峰山麓	2004 年	
	台商投资区	国姓尊王宫	国姓尊王郑成功	洛阳镇后亭埭厝村	始建不详，1991 年重建，1999 年完工	
	惠安县	延平郡王庙	郑成功	辋川镇社坑陈氏祖厝左侧	清朝	
漳州市（1）	龙文区	郑成功祠	郑成功	朝阳镇登科村内林街	清顺治年间	
金门县（2）	金城镇	延平郡王祠	延平郡王	夏墅村后高岗西南部	1968 年	
	金沙镇	明王殿	朱府（隐喻郑成功）、邢府、李府王爷	三山里山西村 22 之 2 号	清康熙二十二年（1683）	

（续表）

地区		祠庙名称	主神	地址	创建时间	备注
基隆市（1）	仁爱区	南灵宫	郑国姓	刘铭传路95巷	1967年	
台北市（5）	士林区	郑成功庙	开台圣王	林溪里剑南路231号	1992年	
	内湖区	护国延平宫	开台圣王	内湖路三段348巷6号	1993年	
	中山区	大忠宫	延平郡王	中山北路四段71巷2弄5号	1957年	
	大同区	延平宫	延平郡王	南京西路325—2号	1965年	
	北投区	延平郡王三将军庙	延平郡王	知行路360号	1971年重建	
新北市（7）	瑞芳区	威远庙	开台圣王	明里路7—1号	1934年	俗称国圣庙
	贡寮区	庆安宫	延平郡王	延平街13号	清同治十一年（1872）	俗称国姓庙
		福安宫	开台圣王	三珠村鸡母岭街7号	清光绪十五年（1889）	俗称鸡母岭庙
		保安庙	延平郡王	和美街20—1号	清道光二十二年（1842）	
	芦洲区	懋德宫	开台圣王	德胜街96号	1921年	俗称国姓庙
		九芎公庙	开台圣王	九芎街87号前	1974年	
	金山区	承天宫	国姓爷	磺港路161号	1956年	
桃园市（2）	桃园区	三圣太和宫	国姓公	玉山街292巷39号	2001年	
	大园区	明龙宫	开台圣王	三块厝10邻3—18号	1983年	
新竹县（1）	竹北市	国姓宫	郑成功	中华路1150巷46弄7—1号	1993年	
苗栗县（4）	竹南镇	三圣宫	郑成功	中港里迎熏路61号	清咸丰五年（1854）	俗称三圣宫
	通霄镇	福龙宫	开台圣王	福龙里10邻101号		

（续表）

地区		祠庙名称	主神	地址	创建时间	备注
	铜锣乡	三圣宫	天上圣母、国姓王爷、神农五谷王爷	兴隆村7邻88号	清光绪三十一年（1905）	俗称盛王庙
	头屋乡	云洞宫开台圣王庙	开台圣王	鸣凤村东三湖6邻20号	清光绪十一年（1885）	
台中市（27）	中区	圣王庙	开台圣王	国姓巷15之1号	1945年	
		国姓庙	开台圣王	大墩里民族路121巷10号	1945年	
	新社区	圣王庙	开台圣王	庆西里下水底寮42－1号	清光绪二十年（1894）	
		圣王庙	开台圣王	永源里东山街114号	1956年	
	大肚区	国姓庙	开台圣王	文昌路三段335巷124号	清道光七年（1827）	
	大雅区	国圣宫	开台圣王	大枫里民富街49－1号		
	龙井区	顺福宫	开台圣王	龙津里中央路一段165巷80弄32号	清乾隆二年（1737）	俗称海埔厝庙
	清水区	永奠宫	郑成功开台圣王	高南里高美路531号	初建于清道光中叶，1913年重建	
		开山（仙）宫	延平郡王	高北里港口北路19号	清乾隆中叶	
		镇安宫	郑成功	国姓里三美路120号	清康熙年间	
		国姓庙	开台圣王	国姓里	清乾隆中叶	
		开化宫	开台圣王	武鹿里海滨路243之5号	1975年	
		镇元宫	开台圣王	临江里镇平路14号	1985年	
		广圣宫	开台圣王	中华路699巷71弄22号		

（续表）

地区		祠庙名称	主神	地址	创建时间	备注
	清水区	圣贤宫	开台圣王	田寮里中央北路7－38号	1970年	
		圣兴宫	开台圣王	高美里三美路280号	1995年	
		成功宫	开台圣王	鳌峰里大街路138－6号	1971年	
		圣文宫	开台圣王	高东里护岸路156号	1987年	
		圣王庙	开台圣王	海风里和睦路二段35号	清末	
	大安区	镇安宫	郑成功	东安路497巷16号	清道光十五年（1835）	
		延平宫	延平郡王	龟壳里溪州路64号	1972年	
		庆安宫	开台圣王	西安村东西七路二段105巷36号	1995年	
	大甲区	国姓庙	郑成功	顶店里开元路305号	清雍正年间	
		广圣宫	开台圣王	义和里文曲路583巷1号	清末	
		明圣宫	开台圣王	武陵里文曲路172巷10号宅前		
		镇安宫	开台圣王	文曲里东安路497巷17号	清道光十五年（1835）	
	石冈区	圣王庙	开台圣王	金星里万仙街冈仙巷8号	1948年	
彰化县（15）	彰化市	永安宫	玄天上帝、开台圣王	国圣里国圣路175巷135弄5号	清同治九年（1870）	
		郑成功庙	仁友公（郑桓公）、郑成功	中山路二段41号	1917年	俗称全台郑姓大宗祠

（续表）

地区		祠庙名称	主神	地址	创建时间	备注
	永靖乡	永奠宫	开台圣王	港西村中山路66号	初建于清道光二十五年（1845），重修于光绪十九年（1893）	
	竹塘乡	开天宫	开台圣王	民靖村成功路81号	清同治三年（1864）	
	芬园乡	德兴宫	开台圣王	旧社村德兴路一段651号	1997年	
和美镇		国圣宫	开台圣王郑成功	犁盛里十茂路54号	1990年	
		高香宫	开台圣王郑成功	犁盛里东平路229号	清末	
鹿港镇		国圣宫	国姓爷	头仑里埔尾52－1号	1981年	
溪湖镇		南兴宫	开台圣王	西势里彰水路一段218巷5号	2010年	
田尾乡		国圣宫	开台圣王	新生村延平路150号	清道光年间	
		开圣堂	开台圣王	南曾村顺圳巷12弄9号		
溪州乡		开天宫	开台圣王	大庄村东横巷2－1号	1946年	
		国姓宫	开台圣王	成功村庄中路23号		
		爱天宫	玄天上帝、国姓爷	柑园村面前巷1号	1975年	
		圣天宫	开台圣王	三条村（外潮洋）三西路一段476－1号	2010年重建	

（续表）

地区		祠庙名称	主神	地址	创建时间	备注
南投县（4）	竹山镇	沙东宫	延平郡王开台圣王	集山路二段1099之1号	清嘉庆七年（1802）	
		开台圣王庙	开台圣王	山崇里14邻温水巷24号	清嘉庆二十四年（1819）	
	草屯镇	明圣宫	开台圣王	富顶路一段267号	1984年	
	国姓乡	护国宫	开台圣王	石门村国姓路207之5号	1948年	
云林县（15）	虎尾镇	震天宫	开台圣王	延平里下南12号	1981年	
	台西乡	国圣宫	国姓爷	牛厝村成功路48—18号		
	大埤乡	成功庙	郑成功	丰田村2邻12号	1966年	
	古坑乡	国圣宫	郑成功	荷苞村尖山坑27号	2007年	
		镇东宫	开台圣王	桂林村桂林43号	1991年	
	土库镇	兴安宫	开台圣王	兴新里新兴77号	1961年	
	林内乡	国姓庙	开台圣王	林北村顶庄路19号	清光绪四年（1878）	
		开复庙	开台圣王	林南村成功路48号		
		圣玄宫	开台圣王	林茂村中兴路19-1号		
		复兴宫	开台圣王	林茂村复兴路13号	1990年	
	刺桐乡	德天宫	开台圣王	麻园村荣贵路165号	清同治十一年（1872）	俗称国圣庙
	四湖乡	郑成功庙	开台圣王郑成功	鹿场村	2015年	

（续表）

地区		祠庙名称	主神	地址	创建时间	备注
	二仑乡	建台宫	开台尊王	港后村太平路91之12号	1992年	
	口湖乡	顺天宫	郑成功	后厝村		
		开元宫	郑成功	后厝村8邻后厝110号	1920年	
嘉义县（11）	东石乡	灵慈宫	开台圣王	西仑村栗子仑97号	清乾隆四十五年（1780）	
		祝天宫	郑成功	海浦村4邻21号	清同治四年（1865）	
		国姓庙	国姓爷	猿树村顶寮35－2号	1976年	
	溪口乡	武英殿	开台尊王	潭肚寮56之1号	1964年	
		开元殿	开台圣王	柴林村1之2号	1971年	
		开元佛殿	国姓爷	菜园60号之1	2010年	
	民雄乡	开山庙	国姓爷	镇北村土库仔7邻20号	清乾隆六十年（1795）	
	鹿草乡	开台圣王庙	开台圣王	松竹村144号附1	1997年	
		开山宫	开台圣王	鹿草村13邻278附1号	1993年	神尊200多年历史
	义竹乡	延平郡王祠	开台圣王	埠前村96号		
		圣贤堂	开台圣王	仁里村429－1号	2013年	
台南市（13）	永康区	二王庙	郑王爷开台圣王	永二街二王里395号	清康熙年间	
		国圣庙	郑成功	北湾里大同街100号	1985年	
		三老爷宫	朱、曹、魏王爷三老爷（隐祀开台圣王）	茑松一街茑松里96号	清康熙二年（1663）	

（续表）

地区	祠庙名称	主神	地址	创建时间	备注
中西区	延平郡王祠	延平郡王	开山路152号	南明永历十六年（1662）	
	郑成功祖庙	郑成功	忠义路二段36号	南明永历十七年（1663）	
北区	三老爷宫	开基朱府延平郡王、开基朱曹魏三府千岁、开基北极玄天上帝	裕民街86号	清康熙二年（1663）	
新营区	延平郡王府	开台圣王	工业街45—12号	1999年	
安平区	开台天后宫	妈祖、国姓爷	国胜路33号	南明永历二十二年（1668）	
安南区	天后宫	妈祖、国姓爷	妈祖宫一街136号	1977至1983年重建	
	镇门宫	开台圣王	鹿耳门妈祖宫一街345巷420号		
白河区	国圣庙	开台圣王	甘宅里4邻43—13号	1971年	
东区	大人庙	朱池李三府王爷	东门路一段17号东门圆环旁	清康熙五十五年（1716）	
将军区	国圣宫	开台圣王（妈祖、陈乃夫人）	嘉昌里4邻北嘉26之2号		
高雄市（2）	旗山区	紫云堂（寺）	郑成功	永和里旗文路284号	1941年	
	美浓区	石母宫	郑成功	兴隆里兴隆二街120号	1966年左右	
屏东县（7）	麟洛乡	郑成功庙	开台圣王	麟顶村成功路170号	1937年	
	内埔乡	延平郡王庙	延平郡王	丰田村延平路2号	清光绪二十八年（1902）	

（续表）

地区		祠庙名称	主神	地址	创建时间	备注
	林边乡	开台延平郡王祠	延平郡王	堤防路15之1号		
	东港镇	忠烈宫	郑成功	镇海里镇海路23号	1929年	
	九如乡	开台圣王庙	郑成功	三块村三多路193号		
	万丹乡	开台延平郡王	郑成功	甘棠村客厝路89号	1994年	
	高树乡	延平郡王祠	郑成功	长荣村兴中路106号		
宜兰县（29）	宜兰市	开兴庙	开台圣王	延平里延平路12之30号	清光绪二十三年（1897）	
	头城镇	福兴庙	开台国圣	福成里宜三路二段316号	清光绪二十九年（1903）	
		中兴宫	开台圣王	大坑里协天路506号		
	礁溪乡	国圣庙	开台圣王	大忠村路30巷3号	清光绪二十七年（1901）	
		昭惠庙	开台圣王	白云村白石脚路39巷51号		
	壮围乡	延平庙	延平郡王	忠孝村顺和路7号	1934年	
	三星乡	武同宫	国圣爷	万富六路152巷18号	1934年	俗称二王庙
		泰安宫	开台圣王	行健村光复路79-1号		
	五结乡	金安宫	开台国圣	下清村下清路旁	1914年	旧名金安亭庙
		开山庙	开台国圣	季新村（路）北巷内5号	清光绪二十年（1894）	
		圣安宫	开台国圣	下清村下清路旁		
		福兴庙	开台圣王	利泽村利泽西路34号		俗称国圣宫庙

（续表）

地区	祠庙名称	主神	地址	创建时间	备注
	新安宫	开台圣王	孝威村南路50号	清光绪三十年（1904）	
	国姓庙	开台圣王	孝威南路16邻49之1号	清末	
	庆兴庙	开台国圣	季新村19邻新店路22—11号	清光绪六年（1880）	
	明德宫	郑成功	锦众村大众路15号	清同治年间	
	成安宫	郑成功	协和村公园路108巷32号		
	国安庙	开台国圣公	三兴村复兴六路136号	清光绪六年（1880）	
苏澳镇	永安宫	延平郡王	永光里成功路73号	清光绪三十四年（1908）	俗称国圣庙
	圣安庙	开台圣王	永荣里大同西巷5号	清光绪末年	俗称马赛庙
	国圣庙	开台圣王	龙德里区界西路93号		
	国圣庙	开台圣王	顶寮路19巷40号		
	国圣庙	开台圣王	港边里三民路5号	1988年	
冬山乡	龙安宫	开台圣王郑成功	大兴村中兴路38之1号	清乾隆四十九年（1784）	
	福安宫	开台圣王	清沟村永清路456号	1950年	
大同乡	镇安宫	郑成功	太平山太平村58之1号		
罗东镇	庆安宫	开台圣王	中正南路175号	清光绪十七年（1891）	

（续表）

地区		祠庙名称	主神	地址	创建时间	备注
		镇安宫	开台圣王	义和里民族路33巷17号	清同治元年（1862）	
		永福宫	开台圣王	北成里北投街62巷65号	1912年	
花莲县（9）	花莲市	延平郡王庙	郑成功	国强里丰村72号	清咸丰九年（1859）	
		郑圣祠	开台圣王	主睦里成功街25号		俗称城隍庙，曾书称郑圣王庙
	新城乡	广安宫	开台圣王	康乐村广安一街37号	1944年	
		福圣宫	开台圣王	北埔村北埔路183号	1919年	
	寿丰乡	国圣庙	开台圣王	盐寮村大桥38号		
		国圣庙	开台圣王	寿丰路1段129号	1949	
		保安宫	延平郡王	水琏村水琏二街20巷16号		
		镇安宫	开台圣王	月眉村月眉三段73号		
	秀林乡	平安宫	延平郡王	崇德村二邻33号	1921年	

注：本表格资料来源于《郑成功信仰》（黄山书社，2006年）、《全球奉祀开台圣王郑成功宫庙》（台中市铁砧山郑成功研究会，2018年）、《闽台郑氏宗祠大观》（海峡书局，2016年）、《开台圣王郑成功生平与国姓庙信仰年表》（台中郑成功纪念馆未刊稿）。

主要参考文献

[1] ［清］ 杨英撰、 陈碧笙校注. 先王实录 ［M］. 福州： 福建人民出版社， 1981.

[2] ［清］ 夏琳撰、 林大志校注. 闽海纪要 ［M］. 福州： 福建人民出版社， 2008.

[3] 陈耕. 台湾文化概述 ［M］. 福州： 海峡文艺出版社， 1993.

[4] 陈耕. 闽南文化纵横谈 ［M］. 金门采风文化协会、 厦门市闽南文化研究会， 2015.

[5] 蔡相辉. 台湾文化发展史 ［M］. 台北： 台原出版社， 2010.

[6] 蔡相辉. 台湾的祠祀与宗教 ［M］. 台北： 台原出版社， 1989.

[7] 黄振良. 闽南民间信仰 ［M］. 厦门： 鹭江出版社， 2009.

[8] 郭肖华， 林江珠， 黄辉海. 闽台民间节庆传统习俗文化遗产资源调查 ［M］. 厦门大学出版社， 2014.

[9] 蔡亚约. 闽台送王船 ［M］. 厦门： 鹭江出版社， 2013.

[10] 厦门市台湾艺术研究所、 厦门市闽南文化研究所、 厦门市文物管理委员会办公室. 厦门涉台文物古迹调查 ［M］. 福州： 福建美术出社， 2003.

[11] 厦门郑成功纪念馆. 郑成功 ［M］. 北京： 华艺

出版社，2012.

［12］ 苏文菁．海洋英雄郑成功 ［M］．厦门大学出版社，2014.

［13］ 曾纪鑫．历史的砝码：从边缘影响历史的 11 个人 ［M］．北京：九州出版社，2016.

［14］ 中国民间文艺研究会福建分会．郑成功的传说 ［M］．福州：福建人民出版社，1982.

［15］ 高致华．郑成功信仰 ［M］．合肥：黄山书社，2006.

［16］ 台南市文化局．郑成功文化节 2011：成功启航活动成果专辑 ［M］．2011.

［17］ 林建秀．闽台郑氏祠堂大观 ［M］．福州：海峡书局，2016.

［18］ 厦门郑成功研究会、厦门郑成功纪念馆．郑成功族谱三种 ［M］．福州：福建人民出版社，1987.

［19］ 方友义．郑成功族谱：南安石井郑隐石一脉总族谱 ［M］．厦门大学出版社，2015.

［20］ 郑道聪．台南延平郡王祠沿革考及祭祀源由 ［J］．郑成功研究文集 ［C］．厦门大学出版社，2012.

［21］ 郑道聪．台湾民俗中有关郑成功传说——九猪十六羊 ［J］．未刊稿．

［22］ 张伯宇．台湾郑成功庙祠群集之地域特色与建立源起类型 ［J］．闽台文化的多元诠释 （二） ［C］．厦门大学出版社，2013.

［23］ 林国平．闽台民间信仰的由来及发展 ［J］．台湾研究，2002 （2）．

［24］ 彭一万．郑成功与妈祖文化 ［J］．厦门宣传，

2018（7）．

　　［25］　王强．民俗旅游与民俗文化的重构　［D］．中央民族大学硕士论文，　2012．

　　［26］　郑舒翔．闽南海洋社会与民间信仰——以福建东山关帝信仰为例　［D］．福建师范大学硕士论文，　2008．

　　［27］　江馥萍．郑成功信仰成立与发展　［D］．成功大学硕士论文，　2000．

　　［28］　曹天府．节庆活动对传统民俗文化传播的影响　［D］．兰州大学硕士论文，　2013．

后　记

　　2009年4月，我刚参加工作。在当年的5月18日，根据工作安排，我参与了第一届郑成功文化节"阵头"踩街后勤保障活动。活动由厦门市思明区政府、原厦门市文化局主办，来自思明区十个街道的数十支民俗文化表演队伍轮番表演：有展现郑成功收复台湾的郑家军旗队和藤牌军，还有表现闽南传统民风民俗的"贡球舞""歌仔阵""宋江阵""中秋博饼""南音""疍民服饰""蜈蚣阁"以及表现海峡两岸人民共庆丰收的"手拉手"和"篊篙渔火"等"阵头"表演。

　　这次"阵头"踩街吸引了来自海峡两岸众多的郑成功信众和厦门市数万名群众，也深深吸引了我。周围的群众头顶烈日，兴致勃勃地驻足观赏，并不时地为精彩节目加油喝彩。一个地方文化活动，为何规模如此之大，参与度如此之高，又影响如此之大？这些问题在我脑海里不断盘旋。

　　随着工作经验的积累，以及对文化生活的深入了解，在搜集与阅读相关资料的过程中，这些问题便一一迎刃而解。这些答案无不围绕着一个历史人物——郑成功，以及由此而形成的延平郡王信俗。

　　回顾两年多的资料搜集、阅读与撰写的过程，我体悟极深。在此特感谢厦门市闽南文化研究会、厦门市非物质文化遗产保护中心给予的大力帮助，感谢厦门市文物局、厦门郑成功研究会、泉州郑成功研究会、南安郑成功纪念馆、厦门郑成功纪念馆、台湾学者郑道聪教授、周芝茹女士等提供的文字、图片资料，让我有机会将郑成功与延平郡王信俗一同呈现给大家分享。

　　民间信俗是在历史的长河中不断发展演变而形成的文化形态之一，在不同的历史时期、不同的地域，所呈现的面貌也是千姿百态的。由于个人资历尚浅，涉猎的材料有限，不足之处，敬请各位方家批评指正。

鄢新艳

2019 年 8 月

图书在版编目(CIP)数据

延平郡王信俗 / 鄢新艳著. —厦门：鹭江出版社，
2020.5
（闽南非物质文化遗产丛书．第二辑）
ISBN 978-7-5459-1690-4

Ⅰ.①延… Ⅱ.①鄢… Ⅲ.①郑成功(1624－1662)
—人物研究②神—信仰—民间文化—研究—福建 Ⅳ.
①K825.2②B933

中国版本图书馆 CIP 数据核字(2020)第 048785 号

闽南非物质文化遗产丛书·第二辑

YANPING JUNWANG XINSU

延平郡王信俗

鄢新艳 著

出版发行：鹭江出版社

地 址：厦门市湖明路 22 号 邮政编码：361004

印 刷：福州德安彩色印刷有限公司

地 址：福州金山工业区浦上园 电 话：0591－28059365
B 区 42 栋

开 本：890mm×1240mm 1/32

插 页：2

印 张：5

字 数：121 千字

版 次：2020 年 5 月第 1 版 2020 年 5 月第 1 次印刷

书 号：ISBN 978-7-5459-1690-4

定 价：42.00 元
